MARCO POLO

LAKE DISTRICT

SYMBOLEN

INSIDER TIP	Insidertip
★	Highlight
●●●●	Best of ...
	Mooi uitzicht
	Groen & fair
(*)	Niet-gratis telefoonnummer

PRIJSKLASSEN HOTELS

€€€	vanaf €150
€€	€80–150
€	tot €80

De prijzen zijn per nacht voor twee personen in een tweepersoonskamer met ontbijt

PRIJSKLASSEN RESTAURANTS

€€€	vanaf €18
€€	€10–18
€	tot €10

Prijzen gelden voor een ter plaatse typisch diner, zonder drankjes

 Op het omslag: Hawkshead blz. 36 | Met alpacasc wandelen bij het Derwent Water blz. 106

SPECIALE INFORMATIE

KAARTEN IN DEZE GIDS
(124 A1) Bladzijdenummers en coördinaten atlas; niet alle objecten met coördinaten staan met hun naam op de atlas
(0) ligt buiten de kaart
(flap A1) Coördinaten voor de kaarten van Bowness, Grasmere, Kendal en Keswick in het achteromslag

(*A–B 2–3*) verwijst naar de losse kaart achter in het boek
(*a–b 2–3*) verwijst naar de extra plattegrond op de losse kaart

IN HET VOOROMSLAG:
De top 15 van highlights

IN HET ACHTEROMSLAG:
Plattegronden van Bowness, Grasmere, Kendal en Keswick

De beste MARCO POLO insidertips

Van alle insidertips vind je hier de 15 beste

INSIDER TIP **Cheers, Coniston!**

De *Black Bull Inn* in Coniston brouwt zijn eigen bier, een lekkere ale, die uitstekend samengaat met het eten dat hier wordt geserveerd (foto boven) → blz. 52

INSIDER TIP **Tea time**

De *Inn on the Lake* (foto rechts) biedt een mooi uitzicht over het Ullswater en serveert daarbij een heerlijke middagthee met *scones* en *clotted cream* → blz. 86

INSIDER TIP **Overnachten bij het sterrenrestaurant**

L'Enclume in Cartmel is het enige tweesterrenrestaurant in het Lake District. Je kunt hier luxueus overnachten → blz. 42

INSIDER TIP **De winter verwelkomen**

De Winter Market, die begin november op het *Holker Estate* wordt gehouden, brengt wat licht in het donkere jaargetijde voor de kerst, met veelsoortig eten en kunsthandwerk → blz. 109

INSIDER TIP **Voor lekkerbekken**

In de winkel van *James and John Graham* in Penrith vind je specialiteiten afkomstig uit het hele Lake District, variërend van kaas tot gin → blz. 79

INSIDER TIP **Ice Ice Baby!**

De vetrijke melk van de jerseykoeien maakt het ijs van de *Abbott Lodge* bij Lowther zo heerlijk romig, van *clotted cream*- tot bosbessensmaak → blz. 82

INSIDER TIP **Even rust in de Farm Shop**

Sizergh Castle wordt door velen bezocht. Daarbij zien de meesten de ernaast gelegen *Farm Shop* over het hoofd, een mooie winkel waar je ook kunt koffiedrinken → blz. 49

INSIDER TIP **Hostel met uitzicht**

Op de Honister Pass staat een *jeugdherberg* die tot de bijzonderste van Engeland kan worden gerekend, en dat geldt zeker voor het uitzicht dat tot ver in het dal reikt → blz. 64

INSIDER TIP Midden in de stad

Hoewel de maatschappij *Furness Railway* niet meer bestaat, is er in het centrum van Barrow-in-Furness wel een pub met die naam. Deze heeft ook barok ingerichte hotelkamers, waardoor je wel in de stad maar buiten het gewoel kunt overnachten → blz. 59

INSIDER TIP Met de boot naar Brantwood

Een uitstapje naar Brantwood, waar de schrijver John Ruskin ooit woonde, is populair. Je kunt er het best met de *boot vanuit Coniston* heen, want de tocht over het water is op zich al aangenaam → blz. 53

INSIDER TIP Raad eens!

Test je kennis in de pub *The Farmers* in Ulverston. Daar spelen de gasten elke donderdag een pubquiz met elkaar, waarbij vragen over actuele gebeurtenissen worden afgewisseld met die over historische feiten. Altijd leuk om mee te doen, ook als je niet wint → blz. 58

INSIDER TIP Verblijf in de geschiedenis

De National Trust beheert niet alleen een groot aantal geliefde bestemmingen in het Lake District, maar verhuurt er ook *kamers en vakantiehuizen,* allemaal in mooie oude gebouwen → blz. 117

INSIDER TIP Rocking Lake District

Tijdens het *Kendal Calling Festival* treden elke zomer bekende rock- en popbands op in het Lowther Deer Park → blz. 108

INSIDER TIP Met alpaca's op pad

Als je nog nooit met de zachtaardige en vriendelijke alpaca's hebt gewandeld, dan doet die gelegenheid zich voor op het *Lingholm Estate* bij het Derwent Water → blz. 106

INSIDER TIP Schone zaak

Aardig om mee naar huis te nemen: een van de verschillende soorten zeep van de *Soap Company* uit Keswick. Ze hebben ze in alle geuren, van appel tot vijgen en van lavendel tot anijs → blz. 68

BEST OF ...

HET LAKE DISTRICT TRAKTEERT

Bijzonderheden die niets kosten

GRATIS

● *Met een gids wandelen in het Nationaal Park*

Het kan wat eentonig zijn om alleen en onbegeleid in het Lake District te lopen, maar *wandelen met een gids* is vaak nogal duur. Op onregelmatige tijden biedt het Nationaal Park tochten aan waarvoor je niets hoeft te betalen → blz. 103

● *Gratis in de kathedraal*

Waar de meeste kathedralen in Engeland entree vragen, vormt de kathedraal van *Carlisle* daarop de uitzondering. Hier kun je gratis naar binnen om het gebouw te bewonderen (foto onder) → blz. 81

● *De sfeer bij de paardenrennen proeven*

De paardenrennen van Cartmel zijn een begrip en het bijwonen ervan kan erg duur zijn. Als je niet komt om te wedden, kun je er gratis bij zijn door je auto niet op de centrale parkeerplaats te zetten maar aan het eind van de renbaan. Daar kost zowel parkeren als toekijken helemaal niets → blz. 42

● *Gratis bezoek aan het huis op de brug*

Toegangsprijzen voor de bezienswaardige gebouwen in het Lake District kunnen soms pittig zijn. Een van de meest ongewone huizen kun je nog steeds zonder kosten bezoeken, namelijk het *Bridge House* in Ambleside → blz. 34

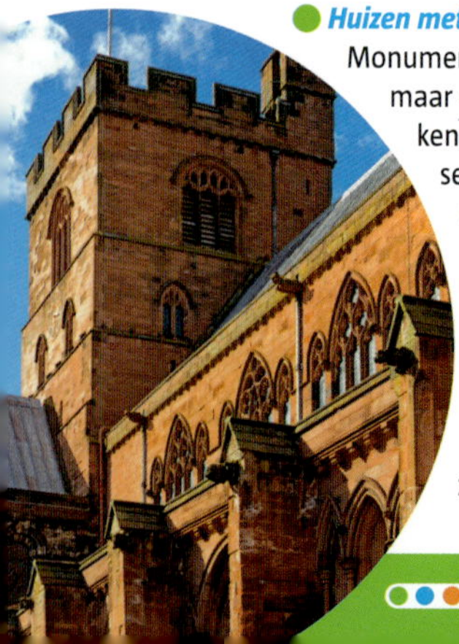

● *Huizen met een geschiedenis*

Monumentenzorg staat hoog aangeschreven in Engeland, maar de prijzen om deze historische gebouwen te bezoeken zijn navenant. Elk jaar gedurende een weekend in september kun je vele ervan gratis bezoeken tijdens de *Heritage Open Days* → blz. 117

● *Een gratis museum*

Het *Dock Museum* in Barrow-in-Furness verlangt nog steeds geen entree, heel anders dan de meeste musea in het Lake District. Verdiep je er in het spannende maritieme verleden van deze weinig op zijn juiste waarde geschatte plek! → blz. 58

TYPISCH LAKE DISTRICT

Dat zie je nergens anders

● ***Proosten op een mooie dag!***

Er bestaat niets mooier dan 's avonds met een *pint* bier de afgelopen dag te overdenken. Dat kan aan de bar van een pub in een van de kleinere plaatsjes, zoals *Hole in t'Wall* in Bowness. Vaak raak je dan in gesprek met een plaatselijke inwoner → **blz. 39**

● ***Wandelschoenen aan***

Al ben je niet uitzonderlijk sportief, een wandeling in de omgeving moet je hebben gemaakt, hoe lang of kort ook. Een voorbeeld van een mooie, ietwat steile maar toch overzichtelijke tocht is die van Grasmere naar het kleine meer de *Easedale Tarn* (foto rechts) → **blz. 45**

● ***Over het spoor met de 'Ratty'***

Engeland was vroeger het land van de spoorwegen, maar nu zijn veel vooral kortere trajecten opgeheven. Toch is er minstens één als museumspoorweg overgebleven, de *Ravenglass and Eskdale Railway,* kortweg 'Ratty', die van Ravenglass verder oostwaarts loopt → **blz. 55**

● ***Hoog de pas op***

Menig automobilist ziet er tegenop om een steile en nauwe pasweg op te gaan, maar een prachtig uitzicht staat daar vaak wel als beloning tegenover. Dat geldt ook voor de *Kirkstone Pass* tussen Ambleside en het Ullswater. Eenmaal boven kun je bij de Kirkstone Inn een pauze inlassen → **blz. 87**

● ***Peddelen op het meer***

De meren gaven het Lake District zijn naam, dus hoe kun je deze regio beter beleven dan met een *kleine boottocht*? Huur ergens een boot en peddel een stuk langs de oever, bijvoorbeeld van het Windermere → **blz. 102**

● ***Alleen te midden van de schapen***

In het Lake District leven tienduizenden schapen van het herdwickras. Je komt deze vertegenwoordigers van de wollige, herkauwende viervoeters, die er ook uiterst vriendelijk uitzien, vroeger of later ongetwijfeld tegen, maar vast en zeker tijdens een wandeling bij het meer van *Buttermere* → **blz. 62**

BEST OF ...

OOK AL REGENT HET

Het weer hoeft geen spelbreker te zijn

Geschiedenis op vier wielen

Het *Lakeland Motor Museum* herbergt een verzameling van honderden oude auto's en motorfietsen uit de hele wereld. De echte autofan wacht het geluk tussen dit oude materiaal → blz. 41

Een hoog percentage

Gin en whisky gemaakt zien worden kan zo boeiend zijn dat je het slechte weer vergeet, zeker tijdens de aansluitende proeverij in de *Lakes Distillery* bij het Bassenthwaite Lake. Ga er vooral niet met de auto naartoe → blz. 69

My home is my castle

Het Lake District herbergt veel geschiedenis! Gebruik een regendag om een van de talrijke kastelen of een landgoed te bezoeken en je veel over de werelden van hun bewoners te laten vertellen. Een spannend voorbeeld is *Sizergh Castle* bij Kendal → blz. 49

REGEN

Eindeloos winkelen

Steek je paraplu op en onderneem een *winkelronde* door een van de kleine stadjes in het Lake District, bijvoorbeeld door Keswick. In een winkel word je niet nat en misschien vind je hier of daar ook nog wel een interessant koopje → blz. 68

Doek op!

Natuurlijk, iedereen wil in het Lake District naar buiten, maar als het regent, kun je ook wel eens droog binnenblijven en een toneelvoorstelling gaan zien, zoals in het *Theatre by the Lake* in Keswick → blz. 64

Toch het water in!

In het *Penrith Leisure Centre* word je ook nat, van het zwemmen, maar daarnaast kun je meerdere springplanken en een fitnessruimte gebruiken en je kunt er zelfs badmintonnen → blz. 107

RELAXEN & VERWENNEN

Op en top ontspannen

RELAXEN

Relaxen op het meer

Ga op het dek van een rondvaartboot over een van de meren zitten, geniet van de stilte en doe verder helemaal niets. Zo'n mooie tocht kun je bijvoorbeeld maken met de *Steam Yacht Gondola* op het Coniston Water → **blz. 52**

Laat je verwennen in een spa

Hoe actief je ook bent, met wandelen of anderszins, toch komt eens de dag dat je jezelf wel eens zou willen verwennen in een spa. Deze kun je vooral vinden in de hotels, zoals bijboorbeeld in *Another Place* bij het Ullswater → **blz. 86**

Thee drinken in een dorpje

De *cream tea* is bij uitstek een Engelse aangelegenheid. Het best kun je die gebruiken in een aangenaam café in een klein dorpje, zoals bijvoorbeeld in *Baldry's Tea Room* in Grasmere → **blz. 44**

Totaal ontspannen in de tuin

Zorg voor een goed boek en een pot thee en zak neer in een behaaglijke ligstoel op het gras van landhuis *Allan Bank* in Grasmere. Geniet daarbij van het uitzicht over het meer en ontspan je zodoende totaal (foto onder) → **blz. 44**

Eet smakelijk!

Er wordt wel eens beweerd dat de Engelsen niet kunnen koken. Het is echter zo dat een paar van de beste restaurants ter wereld op de Britse eilanden te vinden zijn, zo ook in het Lake District. Trakteer je eens op heerlijk eten, zoals bijvoorbeeld in de *Castle Dairy* in Kendal → **blz. 47**

Luxe in een hotel

Al is het misschien wat duurder, breng ook eens een nacht in een hotel door. Boek er een met grote, mooie kamers en veel mogelijkheden tot ontspanning, zodat je kunt lezen, wat soezen en vooral je op je wenken laten bedienen. Een uitgelezen plek hiervoor en bovendien gelegen in een mooie omgeving is *The Belsfield* in Bowness →**blz. 40**

OVERZICHT

ONTDEK HET LAKE DISTRICT!

Natuurlijk is het Lake District vooral bekend vanwege zijn ***meren***. Alleen is dat lang niet alles! Hier in het noordwesten van Engeland liggen inderdaad veel meren, zelfs enkele van de mooiste van het eiland en het Windermere is daarbij dan ook nog het grootste. Maar belangrijker nog is dat er ***bergen*** zijn. En niet de minste! Een groot deel van Engelands gebergte boven de 3000 Engelse voet (914 m) bevindt zich in het Lake District, dat een deel van het graafschap Cumbria is. De passen in dit gebied bereik je over kronkelende wegen, en eenmaal boven is een adembenemend panorama meestal je beloning: wat de natuur hier in miljoenen jaren heeft gecreëerd, is vooral bij helder weer vaak ***ontroerend mooi***.

De hoogste top is de Scafell Pike met een hoogte van 978 m, in het noordwesten van dit gebied. Alleen in Schotland en Wales vind je hogere bergen, maar dat gunnen de bewoners hier hun buren wel. Ze weten namelijk dat ze het voorrecht hebben op ***een van de betoverendste plekken van de Britse eilanden*** te wonen. De dichter William Wordsworth noemde het Lake District ooit de 'mooiste plek die de mens ooit gevonden heeft'. Hij kon het weten, want Wordsworth groeide op in Cockerman aan de rand van het huidige Nationaal Park en bracht het grootste deel van zijn leven door

Foto: Eskdale

Even eropuit: peddelend over Derwent Water vergeet je gemakkelijk de tijd

in het midden van het gebied, in Grasmere en Rydal. Hij en andere schrijvers waren, onbedoeld misschien, de medeveroorzakers van het huidige massatoerisme hier. De oppervlakte van de *Lakes,* zoals het Lake District hier wordt genoemd, bedraagt 2362 km², ongeveer de grootte van de provincie Limburg. In 1951 werd het gebied tot ***Nationaal Park uitgeroepen,*** een van de in totaal 15 op het Britse eiland, en in 2017 ten slotte verkreeg het de lang gewenste status van Werelderfgoed. *Lakeland* zoals het gebied ook wel wordt genoemd, bezit ***ruim 1000 meren.*** Opvallend genoeg is daaronder slechts één echt *lake,* het Bassenthwaite Lake: de overige hebben als achtervoegsel *water* of *mere* in hun naam, de echt kleine worden *tarn* genoemd met de subtiliteit die het Engels eigen is. Het Windermere is met een lengte van 17 km het grootste meer van Engeland. Daarbij bezit de streek nog een record: het Wast Water is met een diepte van 79 m Engelands diepste meer. Dit alles laat de bewoners ter plekke vrij onverschillig; zij hechten meer aan een wandeling om een van de meren, ongeacht of het een record heeft of niet. Veel van de meren zul je bij een

500 miljoen jaar v.C.
De meeste bergen van het Lake District worden gevormd, vaak op vroegere vulkaanuitbarstingen

11.000 v.C.
In de laatste ijstijd ontstaan de trogdalen, die nu de meeste meren van het Lake District bevatten

3000 v.C.
De mens bevolkt het Lake District. Veel van de steen-kringen worden gemaakt

43 n.C.
De Romeinen veroveren na twee succesvolle veldtoch-ten Engeland

120 n.C.
De Muur van Hadrianus wordt opgericht tussen de

bezoek haast alleen voor jezelf hebben, afgezien dan van de ***alomtegenwoordige herdwickschapen***. Alleen op de grote, voor het toerisme misschien te goed ontsloten meren als het Windermere en het Ullswater ontmoet je ***rondvaartboten en groepen reizigers afkomstig uit de hele wereld***. De schoonheid van het Lake District is namelijk al lang geleden doorgedrongen tot Azië en Amerika. Elders biedt praktisch het hele Nationaal Park bezinning op het wezenlijke: op jezelf. Veel Engelsen bezoeken het gebied zelfs voor een enkel weekend, want naast wandelen kun je in het Lake District prima klimmen, met een boot varen en deltavliegen.

Sommigen willen alleen maar ontspannen in een van de ***kleine, eeuwenoude dorpen***. Deze zorgen voor afwisseling in het Lake District. Zoals bijvoorbeeld Grasmere, dat direct in het centrum van het Nationaal Park ligt. De hoofdstraat slingert zich in allerlei bochten door het dorp en is zo nauw dat auto's er maar met een snelheid van 30 km/u kunnen rijden. Winkeltjes rijgen zich aaneen, hier en daar vind je een pub en ook de spreekwoordelijke kerk ontbreekt niet. De huizen passen perfect in de omgeving, omdat ze hier in het centrale gedeelte van het Lake District meestal gebouwd zijn ***van graniet of leisteen***, voorzien zijn van leien daken en vaak wit geschilderd. In de minder centraal gelegen districten vind je meer het voor Noord-Engeland typische rode zandsteen. Overdag stoppen veel toeristen voor een kort bezoek aan de dorpjes, maar als zij 's avonds weg zijn, de koeien weer op stal staan en het nabijgelegen meer weer rustig is, begeven de bewoners zich naar ***de restaurants en pubs***. Pas bij een goede maaltijd en een lekker drankje leer je het Lake

Ontspannen in de eeuwenoude dorpen

beide kusten, van het huidige Carlisle tot Newcastle, ter verdediging tegen de Schotten, wier gebied de Romeinen niet konden veroveren

13de eeuw
Begin van de kolenwinning

1778
'A Guide to the Lakes' van Thomas West verschijnt. Hiermee begint de toeristische ontsluiting van het Lake District

1847
Met de Kendal and Windermere Railway vangt het spoorwegtijdperk aan voor het Lake District. Hierna wordt het verkeersnetwerk uitgebreid met stoomschepen op alle grote meren

District echt kennen, raak je met de locals in gesprek en krijg je van hen misschien zelfs nog wel een goede tip voor een wandeling, de volgende dag. ***Wandelen*** is haast een volkssport hier in deze omgeving. Bijna overal kun je wel een parkeerplaats vinden van waaruit je een korte of wat langere wandeling kunt maken. De meeste paden zijn goed begaanbaar, ook al gaan sommige gedeeltes steil omhoog, wat in een berggebied natuurlijk niet zo vreemd is. Ervaren wandelaars maken een grote tocht over de passen, bijvoorbeeld over de Great Gable, over de Kirkstone Pass of over de Hardknott Pass. Minder ervaren wandelaars houden het bij een tocht om een van de meren. Dan kun je meestal op vlak terrein blijven en hoef je je dus minder in te spannen.

Wandelen is hier haast een volkssport

Het prettige is ook dat als je misschien even genoeg hebt van bergen en meren je ter afwisseling ***de mooie kusten*** kunt opzoeken. Rijke ondernemers uit het Lake District lieten hier in de 17de eeuw havens aanleggen om goederen als specerijen en rum aan te kunnen voeren. Uit die havens ontwikkelden zich stadjes als Whitehaven, die in hun centrum nog de ***charme van vervlogen tijden*** hebben bewaard.

Een schril contrast daarmee vormt de hermetisch afgesloten ***kerncentrale Sellafield***, berucht geworden door omstreden transporten van afgewerkte uraniumstaven die daarnaartoe worden gebracht om weer te worden opgewerkt. Dankzij omvangrijk onderzoek hier in het westen van het Lake District ontwikkelden de Engelsen zich tot een van de belangrijkste atoommogendheden van de wereld. Onder normale omstandigheden merk je daar ter plekke niets van, afgezien dan van de wegwijzers die erheen wijzen, vooral vanaf de kust.

Juist die wegwijzers bewijzen dat in het Lake District ***de tijd enigermate stil is blijven staan***. De gietijzeren palen met de zwart-witte borden werden in de rest van het land al tientallen jaren geleden door opvallender exemplaren vervangen. Ook het ontbreken van mengkranen in de badkamers hier, in tegenstelling tot de rest van Engeland waar gescheiden warm- en koudwaterkranen al lang vanzelfsprekend zijn, is een teken van dit gebrek aan vooruitgang. Strenge voorschriften zorgen voor de instandhouding van de vaak eeuwenoude gebouwen in deze streek en menig huisbezitter houdt fanatiek rekening met oude gebruiken.

Het Lake District lijkt in sommige opzichten op de Engelse badplaatsen. Ook deze vormden gedurende lange tijd, voor de komst van de goedkope vakantievluchten

1951 Het Lake District wordt een Nationaal Park

1956 Calder Hall wordt als eerste commercieel geëxploiteerde kerncentrale van Europa opgestart. Vlakbij wordt in 1963 de kerncentrale Sellafield geopend

1986 Haig Pits sluit als laatste kolenmijn van het Lake District

2015 De orkaan 'Desmond' teistert het Lake District. Pas twee jaar later is alle schade opgeruimd

2017 Het Lake District wordt Werelderfgoed

Samen wat drinken: een typische pub in Ambleside

naar bijvoorbeeld Spanje, de ***belangrijkste vakantiebestemmingen***. De overtocht over Het Kanaal naar Calais was nog ongewoon, ook toen de autoveren daar al zeer frequent voeren. Maar vakantie vieren in Frankrijk, de erfvijand, was toen nog nauwelijks een optie. Vandaar nog de vele oudere Engelsen die in het Nationaal Park hun vrije tijd doorbrengen. Vroeger wandelden ze misschien de berg op. Nu ze ouder zijn, laten ze zich per bus vervoeren. Toch is er vandaag de dag wel wat verandering in de leeftijdsopbouw van de bezoekers te bespeuren: je ziet er nu meer ***jonge gezinnen*** en bijna overal zie je nu kinderen die zich in en om de meren uitstekend kunnen vermaken.

Ook komen er ***steeds meer sportievelingen***. Zo beklimmen fietsers de wegen omhoog naar de passen om te trainen voor nog weer grotere uitdagingen. Verder zie je er deltavliegers en paardrijliefhebbers. Daarnaast is ook nog een nieuwe generatie wandelaars in opkomst, die graag zonder al te veel uitrusting over goed begaanbare paden sensationeel fraaie landschappen wil ontdekken.

Zoveel mogelijk plezier, wat meestal eindigt in een pub

Zonder veel risico, met zoveel mogelijk plezier en zonder al te veel planning overdag kun je toch vrijwel zeker, aan het einde van de tocht, een of andere pub vinden. ***Après-hike in plaats van après-ski*** is hier zeker niet onbelangrijk, ook al gaat het er in Noord-Engeland in de cafés vaak wat beschaafder toe dan in de Alpen. Tenslotte willen de meesten in deze streek de volgende dag alweer vroeg op stap gaan, op weg om te wandelen naar een volgende berg of om op zoek te gaan naar nog weer een ander meer!

LAATSTE TRENDS

1 Drink pink

Nieuws op koffiegebied In Engeland drink je niet alleen maar thee. Overal in het Lake District kun je ook heerlijke espresso's drinken. Nieuw zijn de caffè-latte-soorten, zoals de Pink Latte, een mix van rodebietensap, agavestroop en gember, natuurlijk ook met een scheut espresso. Deze is te proeven in Kendal, in het *Waterside Café (Kent View | www.watersidekendal.co.uk).* Daar vind je ook Matcha Latte (groene thee, honing en melk) en Turmeric Golden Latte (kurkuma, kokosolie, kaneel en plantaardige melk).

2 Reizen in stijl

In een oldtimer langs de Lakes Huurauto's vind je overal. In het Lake District is daarnaast behoefte aan autorijden in stijl, bijvoorbeeld in oldtimers. Als je niet met een gewone Golf of Focus door het Borrowdale wilt rijden, kun je je ook op typisch Britse wijze in een oude Triumph of Austin Healey verplaatsen! Deze kun je huren bij *Lakes and Dales (Midtown Farm | Blencarn | Penrith | tel. 01768 87 90 91 | www.lakesanddales.co.uk/classic-car-hire).* Echt goedkoop is dat natuurlijk niet: reken minimaal op £175 per dag, maar dan wel zonder afstandsbeperking.

3 Gin-genoegens

Met een scheut Heb je wel eens ginyoghurt geproefd, of ginijs, of zalm met een ginsmaak? De bittere smaak geeft aan dit alles een bijzondere toets. In de supermarkten van het Lake District woedt een ware ginmanie. Vooral de *Sainsbury's* in Penrith laat zich in dit opzicht nogal gelden. Ook als je liever bij het originele product blijft, vind je dat in verschillende destilleerderijen, zoals de Lakes Distillery en Bedrock. Je kunt hun producten ook proeven in bijna elke pub in het Nationaal Park.

In het Lake District valt zoveel nieuws te ontdekken. Kies de spannendste trends

Boarden vanaf de berg

4

Naar beneden op een board In het Lake District kun je over de heuvels rollen alsof je op een surfboard over de golven zweeft, met een mountainboard in plaats van een skateboard. Dit snow- en skateboard ineen is door zijn kleine luchtbanden, die ook bijna overal goed grip hebben, ideaal voor het Nationaal Park. Professionals gaan daarmee de berg af en maken er sprongen mee of doen andere kunstjes zonder te vallen. Maar voordat je dat kunt, is wel enige oefening nodig! Dat kan bijna overal in het Lake District, als je maar een helm en kniebeschermers draagt, want het is niet helemaal zonder gevaar. Les kun je onder andere krijgen in *Blaithwaite House (Wigton | tel. 016973 4 23 19 | www.blaithwaite.co.uk)*.

Glamping met ontbijt

5

Stijlvol kamperen In een hotel overnachten wil iedereen wel, maar met kamperen ligt dat toch anders. Alhoewel: heb je wel eens in een wegwerkerswagen overnacht? Of in een blokhut? En dat met uitzicht op de bergen? Glamping, luxekamperen, is ook tot het Lake District doorgedrongen. Daar zijn kleine campings ontstaan met eigen onderkomens, waar je comfortabel overnacht, met elektrisch licht, vaak zelfs met een eigen oven en ontbijt dat in de ochtend aan je deur wordt bezorgd. Zo'n plek is bijvoorbeeld te vinden bij de *Lanefoot Farm (Thornthwaite | tel. 017687 7 80 97 | stayinthornthwaite.co.uk)* en in *Park Cliffe (Birks Road | Windermere | tel. 015395 3 13 44 | www.parkcliffe.co.uk)*.

ACHTERGROND

GESCHIEDENIS IN STEEN VASTGELEGD

Wat doen al die stenen hier? Onderzoekers vragen zich al heel lang af waarvoor de prehistorische overblijfselen in het Lake District en andere plekken van het Britse eilandenrijk eigenlijk dienden. Veel van deze stenen zijn wel 2 m hoog of hoger en werden blijkbaar van ver aangevoerd om vervolgens in een perfecte kring te worden opgesteld. Religieuze motieven zijn uiteindelijk vaak als verklaring gegeven, ook omdat een andere geloofwaardige drijfveer niet veel te ontdekken. De Castlerigg Stone Circle bij Keswick is het bekendste voorbeeld in het Lake District. Misschien is hij minder indrukwekkend qua grootte van de stenen dan het bekende Stonehenge in Zuid-Engeland, echter de ligging ervan is veel mooier en biedt een ongeëvenaard panorama. Er is overigens niet alleen boven de grond veel ouds te ontdekken, ook in de aarde is veel te vinden: in het Lake District zijn meer dan 16.000 opgravingsplekken bekend. De Romeinen gingen namelijk in de eerste eeuwen van onze jaartelling niet om het Lake District heen, maar ze trokken er dwars door. Tussen Brougham bij Penrith en Ambleside gebruikten ze de weg die nu High Street Roman Road heet als een van hun belangrijkste verbindingswegen en in Maryport stond in die tijd een fort aan de kust. Dit alles vanwege de nabijheid van de Muur van Hadrianus, door de Romeinen opgericht om hun grens met de Schotten te verdedigen.

Foto: de Castlerigg Stone Circle

De feiten, de mensen en het nieuws, een aantal kenmerkende items om het Lake District beter te begrijpen

EEN GEBIED OM OVER TE DICHTEN

Hoe moet je de alomtegenwoordige schoonheid van deze streek beschrijven zonder gebruik te kunnen maken van hedendaagse middelen als Facebook en Instagram? Poëzie is dan een mogelijkheid die overblijft. William Wordsworth is de bekendste dichter van het Lake District. Hij heeft hier bijna zijn hele leven gewoond, in Cockermouth, Grasmere en Rydall. *Lake Poets* werden de volgers van de door hem begonnen stroming in de romantiek genoemd. Omdat de reeds tijdens zijn leven beroemde Wordsworth in het Lake District woonde, trok dit gebied veel schrijvers. Waar zich elders schilders met hun schildersezel vestigden, waren het hier de dichters met hun notitieboek als gereedschap. De Engelse romantiek in de literatuur ontstond voornamelijk hier. Sterker nog, deze stroming was ervoor verantwoordelijk dat het toerisme in deze regio is ontstaan. Bewonderaars uit het hele land, onder de indruk van de gloedvolle natuurbeschrijving van

Sinaasappel en niet veel meer: marmelade van het Lake District

Wordsworth en volgelingen, wilden deze met eigen ogen zien: een onbedoelde marketingcampagne dus, waarvan de gevolgen tot nu voelbaar zijn.

LET OP: LINKS HOUDEN!

Het drama begint misschien al als je van de veerboot af komt, maar beleeft zeker een hoogtepunt in de eerste parkeergarage in het Lake District die je binnenrijdt: het linksrijden. Dat is voor de meesten waarschijnlijk geen probleem, maar heb je wel eens alleen in de auto gezeten en toen pas gemerkt dat de parkeerautomaat aan de verkeerde kant stond?

In Engeland wordt het kaartje in parkeergarages en parkeerterreinen per definitie aan de rechterkant uit een automaat getrokken, omdat in Engelse auto's de bestuurder aan die kant zit. Onhandig voor bestuurders van een auto van het vasteland. Dat geldt ook voor het afslaan naar links, komend vanaf een uitrit. Je bent echt niet de eerste die dan gewoontegetrouw op de rechter weghelft belandt, vooral als er verder geen verkeer is. Let daarom zeker in de eerste dagen van je verblijf in Engeland twee keer zo goed op als anders. Hoe komt het trouwens dat de Engelsen links rijden, kun je je afvragen. Munten uit de Romeinse tijd doen vermoeden dat er al meer dan 2000 jaar geleden links gereden werd. Naar verluidt heeft Napoleon het rechtsrijden in Europa ingevoerd (ook zonder auto's dus nog) en zoals bekend heeft hij Engeland nooit gehaald.

YAN, TAN, TETHERA

Van Kent heeft iedereen wel gehoord, evenals van Cornwall, maar kende je ook Cumbria? De naam van dit graafschap, waartoe het Lake District behoort, doet sprookjesachtig aan, met een vermoeden van ridders, fabeldieren, mensen met een onheilspellende blik in de ogen, veel storm en regen, kortom van een rijke geschiedenis. Alleen, het is pas in 1974 gevormd door het samenvoegen van Cumberland en Westmorland met kleine gedeeltes van Lancashire en Yorkshire. Nauwelijks een half miljoen mensen wonen er, van wie slechts een kleine 41.000 in 'Het Nationaal Park Lake District'. De naam Cumbria is afgeleid van het Cumbrisch, de taal die in deze streek tot in de 11de eeuw werd gesproken. Sporen hiervan vind je nog slechts in een paar plaatsnamen en in de naam van een enkel meer, zoals Bassenthwaite en Windermere. Tot aan het begin van de 20ste eeuw gebruikten herders nog de Cumbrische telwoorden *yan, tan, tethera* voor 'een, twee, drie'.

SCHWITTERS' TOEVLUCHT IN HET LAKE DISTRICT

Kunst is niet altijd bestendig, in ieder geval niet die van de dadaïst Kurt Schwitters. 'Merzbauten' noemde hij zijn steeds groeiende installaties die hij voortdurend binnenshuis bewerkte en die tot zijn beroemdste werken behoren. Het eerste exemplaar werd in de Tweede Wereldoorlog door een luchtaanval verwoest. Nummer twee verbrandde in Noorwegen. Alleen nummer drie bestaat nog, hier in het Lake District. De kunstenaar begon eraan vlak voor zijn dood en maakte het niet af, maar het bleef bewaard. In een schuur vlakbij Elterwater was de voor de nazi's gevluchte Schwitters aan het werk begonnen kort voor hij in 1948 in het ziekenhuis van Kendal stierf. Een enkele muur had hij al vormgegeven en een grote hoeveelheid aanzetten doet vermoeden dat hij er als kunstenaar in zijn element was.

Alleen biedt een eenvoudige Cumbrische schuur jammer genoeg niet genoeg bescherming tegen de weersinvloeden. Daarom is al in 1965 de enige muur die klaar was, overgebracht naar de Hutton Gallery van de Universiteit van Newcastle. Ook zet een stichting zich in voor het behoud van de schuur in Elterwater: een steeds moeilijker opgave. Zo werd in 2015 en 2016 het *Merz Barn* genoemde gebouwtje door stormweer zwaar beschadigd en ook trekken zich steeds weer donateurs uit het project terug. De stichting luidde al de noodklok, omdat het geld haast op is. Kopers van de schuur hebben zich ook al gemeld, zonder uiteraard een garantie voor het behoud van Schwitters' erfenis te willen geven. Schwitters zelf werd in eerste instantie op het kerkhof van Ambleside begraven, maar later is zijn stoffelijk overschot overgebracht naar het familiegraf in het Duitse Hannover.

HET CENTRUM VAN DE MARMELADE

Het Lake District is natuurlijk bekend om zijn landschap, maar wist je dat het ook het centrum van de sinaasappelmarmelade is en dat terwijl die vruchten er helemaal niet groeien? Engelsen hebben echter een grote voorliefde voor marmelade en Jane Hasell-McCosh, eigenaresse van het landgoed Dalemain bij Penrith, wel in het bijzonder. Ze organiseert daarom vanaf 2005 jaarlijks in maart een heus festival gewijd aan de marmelade. Bezoekers uit de hele wereld komen eropaf, tot uit Azië. Het gaat zelfs zover dat een gelijksoortig festival nu ook in Australië wordt georganiseerd. Centraal staat daarbij steeds de vraag welke marmelade de lekkerste van de wereld is. Voorwaarde is natuurlijk wel dat deze gemaakt is van citrusvruchten en dan nog voornamelijk van sinaasappels. Alleen dan mag het product marmelade heten in het Verenigd Koninkrijk. Al het andere is *jam*. Dat is overigens nu ook vastgelegd in een heuse EU-verordening. Daarom draait in maart in

Dalemain ook alles om de sinaasappel, en niet alleen daar: heel Penrith is gedurende het festival oranje gekleurd.

DE MEESTE REGEN VAN HEEL ENGELAND

Reizen door Engeland zonder paraplu is onverstandig! Hoewel het cliché dat het altijd regent in Engeland allang geen gemeengoed meer is, ligt het Lake District helaas wel in het regenrijkste gebied van Groot-Brittannië. Gemiddeld valt hier 2000 mm regen per jaar en de Seathwaite in Borrowdale is met 3552 mm zelfs het natste bewoonde gebied van de Britse eilanden. Ter vergelijking: in Amsterdam of Brussel valt jaarlijks nog geen 800 mm regen. Helaas laat de klimaatverandering zich hier ook steeds meer voelen: in 2009 moesten sommige bewoners per helikopter worden gered nadat haast zondvloedachtige regenbuien het park overspoelden. Het jaar erop ontstond er door extreme droogte bijna een drinkwatertekort. Het weer is er dus erg wisselvallig en heeft daardoor een duidelijke uitwerking op de mensen- en dierenwereld en op de natuur in het algemeen. Aangezet door de overstroming begon het parkbeheer een tot nu voortdurend CO_2-reductie programma om de gevolgen van de klimaatverandering zo klein mogelijk te houden. Wegen werden extra verhard, de drinkwatervoorziening verbeterd en de bruggen verstevigd. Een kleine troost is dat het in het Lake District echt niet voortdurend regent en dan ook nog niet overal en vaak tegelijk in de vorm van korte buien. En uiteindelijk heb je dan ook je paraplu niet voor niets bij je!

WITTE DORPJES, LANGE MUREN

Je ziet ze overal, maar vooral in de kleinere dorpjes, de witte huizen die er in de zon zo stralend uitzien dat je je haast in Zuid-Europa waant. De kleur wit komt vanuit een praktische traditie: huizen en boerderijen werden vroeger met rode koperverf behandeld tegen het vocht. Vervolgens kalkte men ze wit om ze een mooier uiterlijk te geven.
Veel huizenbezitters houden vast aan deze traditie, tenminste voor wat betreft de witte kleur, en de witte huizen maken daarmee deel uit van het beeld van het Lake District. Dat geldt trouwens ook voor de talrijke stenen muren langs de velden, die er vroeger voor dienden om bezit af te bakenen. Bovendien kon men er de stenen in kwijt die tijdens het ploegen op de velden tevoorschijn kwamen.

EILAND IN NATIONAAL BEZIT

Grasmere is een van de aangenaamste en rustigste wateren van het hele Lake District en het in dit meer gelegen kleine en onbewoonde Grasmere Island is zelfs nog stiller. Toch werd hier geschiedenis geschreven en wel een die Engeland sindsdien veranderd heeft: de in zijn tijd al hoog geachte Canon Hardwicke Rawnsley was er openlijk verontwaardigd over dat dit eiland in 1893 te koop stond. Hij was een uitgesproken tegenstander van de publieke verkoop van landschappelijk waardevol land, maar ook van bergen, meren en eilanden. Met Sir Robert Hunter en Octavia Hill ontwikkelde hij eind 1893 plannen voor het behoud van belangrijke bouwwerken en landelijke gebieden. Ongeveer een jaar later richtten ze de National Trust op, met als doel grondstukken en landgoederen in bezit te verkrijgen door koop of schenking, om deze voor iedereen te behouden en toegankelijk te maken. 'Voor altijd en voor iedereen' luidt sindsdien het motto van de National Trust. Nu heeft

De vriendelijkheid zelve: hedwickschapen vind je overal in het Lake District

ze meer dan 350 gebouwen, tuinen, landhuizen, kastelen en kerken in bezit, naast meerdere pubs en zelfs hele dorpen. In totaal beslaat dit bezit ongeveer 1,5 procent van de totale oppervlakte van Groot-Brittannië, waaronder een kwart van het totale Lake District en tien procent van de hele Engelse kust. Het duurde overigens 124 jaar voor de National Trust het Grasmere Island in bezit kreeg: pas in 2017 werd het eiland per testament aan haar overgedragen.

WAAR JE HERDWICKS KUNT VINDEN

Hoewel de kinderboekenschrijfster Beatrix Potter wereldberoemd is geworden door het konijn Peter Rabbit, was ze toch meer gehecht aan een heel andere diersoort: het herdwickschaap. Hoezeer blijkt wel uit een brief die ze in 1931 aan haar uitgever schreef en waarin ze meldde dat een herdwickram met de klinkende naam Saddleback Wedgewood plotseling dood was gegaan. En de toen al beroemde schrijfster liet vervolgens haar bedroefdheid hierover duidelijk merken. Het beest was aan haar uitgeleend om zich op haar Hilltop-boerderij over de daar aanwezige schapen te ontfermen. Zijn droevig lot ging haar klaarblijkelijk zeer ter harte!

Potters lievelingsdieren, de herdwickschapen, zijn nu het belangrijkste kenmerk van het Lake District. Met hun typische grijze vacht en hun vriendelijke gelaatsuitdrukking zijn ze zeer opvallend. Bovenal zijn ze beter dan andere rassen bestand tegen de soms nogal barre weersomstandigheden van Cumbria. Potter was zo gesteld op deze dieren dat ze op het eind van haar leven niet minder dan 17 boerderijen bezat, die ze in 1943 allemaal aan de National Trust schonk, weliswaar met de eis dat er voor altijd herdwickschapen zouden worden gehouden. Bijna alle van de in totaal 60.000 herdwicks in de wereld vind je in het Lake District.

ETEN & DRINKEN

Er doen gruwelverhalen de ronde over het Engelse eten: alles wordt gefrituurd zeggen velen en iedere dag krijg je bonen en spek en bovendien wordt alles ook nog overgoten met muntsaus.

Vergeet het maar! De Engelse keuken is totaal veranderd. ***Producten uit de streek en biologische groentes***, licht gegaard, met een passende wijn erbij, staan tegenwoordig bijna op elk menu van het eiland. *Made in Britain* zie je overal en dat geldt al langer, zeker ook voor etenswaren. De Engelsen grepen al heel vroeg terug naar regionale producten. Een ***uitstekende kwaliteit vlees*** belandt tegenwoordig op je bord, net als ***verse vis*** en knapperige groentes. Je kunt nog steeds naar frituurvet ruikende *fish & chips*-zaken vinden of smoezelige hamburgertenten langs de snelweg, maar er zijn alternatieven te over.

Typisch voor het Lake District en niet vreemd vanwege de grote hoeveelheid schapen is het ***lamsvlees***. Daarnaast worden steak en worst geserveerd. Wat je trouwens haast niet zult aantreffen is muntsaus. Die past hoogstens bij de ***Sunday Roast***, een traditie die wij niet zo kennen op zondag, maar die in Engeland een lang verleden heeft en die dan ook in veel pubs op zondag wordt aangeboden, met gestoomde groentes, gebakken aardappelen of aardappelpuree en een ***Yorkshire pudding***. Dit laatste is een mengsel van groente, vlees, aardappelpuree en jus in een bladerdeegbakje.

Verrassend is dat het Lake District een paradijs is voor vegetariërs, veganisten

 Foto: *cream tea met scones*

Vergeet de slechte naam van de Engelse keuken: ingrediënten uit de omgeving en ook vegetarische gerechten vind je overal

en mensen met een allergie. Weliswaar zijn er maar weinig restaurants die uitsluitend vleesloze gerechten serveren, maar de meeste hebben wel ***vegetarische en veganistische gerechten*** op het menu. Ook zijn de meeste restaurants voorbereid op allergieën, zoals die voor gluten, noten en lactose. De nadruk op de kwaliteit van het voedsel is in Engeland al lang gemeengoed. Zo wordt er op voedselverpakkingen door middel van een zogenaamd ***voedsel-stoplicht*** informatie gegeven over de hoeveelheid calorieën, vetten en andere ingrediënten. Ook hangt er buiten bij de deur van ieder restaurant een ***Food Hygiene Rating*** waarop het aantal sterren aangeeft hoe het met de hygiëne binnen is gesteld. Vijf sterren wil zeggen dat het in het restaurant haast zo zuiver is als in een operatiekamer, terwijl je bij een of twee sterren beter elders je heil kunt zoeken.

In de hotels en pensions wordt 's morgens een ***rijk voorzien ontbijt*** geserveerd, zonder het broodbeleg zoals wij dat kennen, maar wel met warme zaken als ei,

OP HET MENU

cream tea – 's middags krijg je bij de thee een *scone* (iets tussen een broodje en een koek), die met *clotted cream* (opgeklopte room) en rode marmelade is bestreken. Wordt ook geserveerd als een *afternoon tea*, maar dan samen met sandwiches en een glas champagne

Cumberland sausage – deze gebraden worst, gemaakt van grof gesneden varkensvlees, kan wel een halve meter lang zijn en wordt daarom tot een spiraal gewonden. Een paar kruiden en vooral peper zorgen voor zijn smaak, meer is niet toegestaan (foto links)

gingerbread – specerijen van over de hele wereld kwamen in de havens van Cumbria aan land en werden daar natuurlijk ook gebruikt in de keuken. In Grasmere ontstond zo *gingerbread*, een soort koek met de explosieve smaak van een portie curry

herdwicklam – Deze lammetjes groeien niet zo snel, door het slechtere weer, als in het zuiden van het land. Dat maakt hun vlees extra lekker en aromatisch volgens de fijnproevers

Kendal mint cake – deze plakken cake op basis van pepermunt zijn in het Lake District de traditionele proviand voor bergbeklimmers. Je moet wel van de smaak houden om in deze traditie mee te kunnen gaan

rum butter – boter mengen met rum stamt uit de tijd dat er via de havens van Cumbria grote hoeveelheden rum werden geïmporteerd.

salt marsh lamb – een speciaal soort lam die in het zuiden van Cumbria aan de kust graast en daarbij zeegras en andere zilte planten binnenkrijgt. Daardoor neemt hun vlees een speciale smaak aan

sticky toffee pudding – eerder een cake dan een pudding, gedrenkt in karamelsaus. Na dit machtige dessert kun je ervan verzekerd zijn dat je verzadigd bent. Dit typisch Engelse, erg zoete nagerecht komt oorspronkelijk uit het Lake District (foto rechts)

in de vorm van een roerei of gepocheerd, en bacon, witte bonen in tomatensaus, worstjes en aardappelpannenkoekjes. In de chiquere hotels kun je vaak speciale gerechten bestellen voor het ontbijt, zoals ***eggs Benedict***, een Engelse muffin (een soort vierkant geroosterd broodje) met licht gebakken ham en een gepocheerd ei erop en overgoten met sauce hollandaise. Voor de rest horen cornflakes, muesli en yoghurt tot het ontbijt, net als vers fruit, sinaasappelsap en ***marmelade.*** Een nieuwe toevoeging is verder nog ***kwark,*** die vanuit het Lake District sinds kort tot in het hele land is doorgedrongen.

Als lunch hebben de meeste Engelsen genoeg aan een sandwich of een salade. Probeer zeker eens de sandwiches, wraps of salades uit de supermarkten van Marks & Spencer. Deze zijn zo rijk belegd en opgemaakt dat je iets vergelijkbaars in een restaurant niet gauw zult vinden.

Koffie drinken is ook in Engeland gewoon geworden. Ketens als Costa, Caffè Nero en Starbucks hebben overal in Engeland hun vestigingen en serveren heerlijke espresso's of andere variëteiten. Daarbij heeft elke pub nu wel een dure machine om latte macchiato of iets van dien aard te bereiden. Toch is ***thee*** nog steeds de drank om de dag mee door te komen, 's morgens vaak met een hooggeprezen Assammengsel en in de namiddag met een kop delicate Earl Grey.

Vooral in de wat betere hotels drinkt men laat in de middag graag een glas ***Pimm's and Lemonade*** op het terras. Dit oer-Engelse zomerdrankje bestaat uit een soort kruidenlikeur, gemengd met stukjes fruit en augurk en ten slotte aangevuld met citroenlimonadesiroop. ***Wijn*** begeleidt in het Lake District al heel lang het diner en komt meestal uit Frankrijk of van verder weg uit Australië, Chili of de VS.

De keuze aan ***whisky***-soorten is, mede vanwege de nabijheid van Schotland, verbazingwekkend groot. De Engelsman van nu heeft verder allang weer de gewoonte opgepakt om ***gin te drinken***. Zelfs in de meest eenvoudige kroeg zul je vaak een uitgelezen aanbod aantreffen, waaronder ook soorten uit het Lake District zelf, zoals The Lakes, met een ietwat lichte smaak, en Bedrock, een zeer edele, complexe gin.

De standaarddrank in de pub is natuurlijk nog steeds ***bier,*** als *pint* (0,568 l), een precies tot aan de rand gevuld glas en vanzelfsprekend zonder schuimkraag. De achtergrond van dit gebruik is dat het glas precies deze hoeveelheid kan bevatten en dat de traditie ertoe verplicht dan ook deze hoeveelheid en geen druppel minder te verkopen. Overigens haal je je *pint* zelf aan de bar en betaal je direct, zonder fooi, want dat laatste hoort niet in een pub. Het bier is te verdelen in drie soorten, gebaseerd op de kleur: licht (lager en pils), roodbruin (ale, bitter) en donker (stout). Een bitter wordt meestal niet extra gekoeld en zonder toevoeging van koolzuur getapt. Voor continentale kelen is dat even wennen, maar het bezit een geheel eigen charme. Alleen al in het Lake District vind je meer dan een dozijn ***brouwerijen,*** zoals bijvoorbeeld Hawkshead, Keswick Brewing en Jennings, waarvan je de voortbrengselen in bijna elke pub in het Nationaal Park kunt aantreffen.

Heerlijk 's middags:
Pimm's and Lemonade

WINKELEN

In het Lake District is geen tekort aan mooie souvenirs. In elke plaats en bij iedere toeristenattractie, ja zelfs soms midden op het platteland worden fraaie voorbeelden te koop aangeboden. Als je graag winkelt in grote warenhuizen of modewinkels, dan ben je in deze streek helaas niet op de goede plek. Dat is misschien hooguit mogelijk in Carlisle of in een van de andere grotere steden rondom het Natonaal Park.

ANTIEK & SOUVENIRS

Een van de Engelse passies is het verzamelen van antiek. In elke wat grotere plaats, zoals Kendal, Keswick of Cartmel, is wel een antiekwinkel. Populair zijn oude foto's, porselein en glaswerk, maar je vindt er verder ook allerlei meubelstukken, whiskyflessen en glazen, soms zelfs een echte Engelse brievenbus. Typische souvenirs van het Lake District worden vaak gemaakt van veel voorkomend materiaal als wol, leisteen en hout. Vooral leisteen wordt vaak toegepast in dergelijke producten, variërend van naambord tot onderzetter. Wol van het herdwickschaap wordt eveneensvaak gebruikt, voor onder meer kussenovertrekken en allerlei soorten tassen. Het konijn Peter, hoofdfiguur in de bekende kinderboekenreeks 'Peter Rabbit' van Beatrix Potter, is in allerlei vormen verkrijgbaar, als pop, op koffiebekers of als prent. **INSIDER TIP** *Herdy (www.herdy.co.uk),* een jong merk, houdt zich op een alternatieve manier met het Herdwickschaap bezig, namelijk door het als komisch figuur af te beelden op souvenirs als eierdopjes, spaarpotten, handdoeken en pluchenbeesten.

KOKEN

Een van de grootste Engelse handelaren in keukengerei is afkomstig uit het Lake District: *Lakeland*. Deze firma exploiteert bij het station in de stad van oorsprong, Windermere, een soort toonzaal met grote keuze. Dat heeft wel effect gehad, want in bijna elke grotere plaats tref je tegenwoordig winkels aan met keukenbenodigdheden. Ook de grotere supermarkten hebben intussen een afdeling met soortgelijk aanbod en de omvang hiervan neemt nog steeds toe.

LEVENSMIDDELEN

Het Lake District brengt vooral verse levensmiddelen voort als vis, vlees en

Grote modemerken zul je in het Lake District niet vinden, dus je zult je met kleinere accessoires tevreden moeten stellen

melkproducten en deze zijn daarom nauwelijks geschikt om mee naar huis te nemen. Maar Engeland is ook bekend vanwege zijn kaas. In Cumbria wordt voornamelijk cheddar geproduceerd (zonder een beschermde oorsprongsstatus dus), een ruime keuze aan andere kazen tref je voornamelijk aan in speciaalzaken, zoals bijvoorbeeld in Keswick, Cartmel en Penrith. Beter houdbaar zijn gin, wodka en whisky, maar ook cider en bier uit het Lake District, die je in iedere grotere supermarkt kunt aantreffen. Klassiek is daarnaast het kruidige *gingerbread* uit Grasmere.

MODE

Modeketens als Gap, Next en Dorothy Perkins zijn in elke Engelse binnenstad vertegenwoordigd, met steeds dezelfde collectie. In Cumbria vind je ze hoogstens in de grotere steden, maar vooral in Carlisle heb je de meeste kans. Ga dus op zoek naar kleinere boetieks. Vooral aan sportieve kleding is er een ruim aanbod in het Lake District, tegen een redelijke prijs. *Horsley* en *Lakeland Skirts* produceren in Kendal damesmode gericht op het moderne buitenleven. Ook tref je overal in het Nationaal Park veel outlets van het sportkledingmerk *New Balance* aan, omdat een fabriek van dit merk bij Maryport is gevestigd. *Chapman* heeft een fabriek in Carlisle, waar tassen van hoge kwaliteit worden vervaardigd.

TUINCENTRA

Engeland zonder tuinen is lastig voorstelbaar, in ieder geval zou het er een stuk kleurlozer uitzien. Veel van de planten die typisch zijn voor het Lake District kun je in de grote tuincentra kopen. Deze centra zijn overal in het land gevestigd. Daar vind je overigens ook potten en tuinversiering in elk denkbare vorm. Typerend voor de Engelse tuinen zijn verder rozen, hortensia's, rododendrons en lavendel.

WINDERMERE & HET ZUIDOOSTEN

Al het mooie van het Lake District is verzameld in het zuidoosten. Hier bevindt zich bijna alles waardoor het Nationaal Park zijn faam heeft verworven: naast idyllische meren en hoge bergen ook romantische dorpjes en natuurlijk overal schapen.

Dat heeft tot gevolg dat iedere bus met toeristen hier wel ergens stopt. Daarom is het er op veel plekken levendig, vooral in toeristische trekpleisters als Bowness en Grasmere, die daardoor regelmatig overvol zitten. Op die plekken is het raadzaam een nacht te blijven om het echte zuidoosten te leren kennen, want als de dagjesmensen weg zijn, komt de werkelijke aard van deze streek boven. Dan kun je overdag samen met de anderen de talrijke bergen en meren verkennen, zoals het bezienswaardige Grasmere of het Windermere, het grootste natuurlijke meer van Engeland. Dat moet je dan wandelend doen en niet met de auto. Want voor iedere mate van conditie is wel een pad te vinden om de bijzondere natuur van deze streek werkelijk te ondergaan.

De niet al te grote stad Kendal net buiten het Lake District vormt het economisch centrum van de streek, terwijl om het Windermere historische bouwwerken liggen als Wray Castle en Sizergh Castle. De zondag is bij uitstek geschikt om een boottocht te maken en zonder verdere inspanning de fraaie natuur op je in te laten werken: dichter bij het wezen van het Lake District dan op die manier kom je niet.

 Foto: Hawkshead

In dit toeristische centrum van Lake District tref je naast dorpen, bergen en meren alles aan wat deze streek wereldfaam geeft

AMBLESIDE

(130 B1–2) (*🕮 E6*) **Laat je niet afschrikken door de weg die dwars door Ambleside (2600 inw.) snijdt. Deze belangrijkste verbindingsweg van het Lake District heeft verbazingwekkend weinig invloed op dit door gebouwen in victoriaanse stijl gekenmerkte stadje.**

Integendeel zelfs. Ambleside, gelegen ten noorden van het Windermere, heeft zich daardoor tot een waar handelscentrum ontwikkeld en wordt daarom wel benijd door andere plaatsen in de streek. Winkels voor de meest uiteenlopende behoeftes tref je er aan, naast een ruime hoeveelheid hotels, restaurants en pubs. Bij uitstek is het een plaats voor wie ook 's avonds nog vertier zoekt.

Het Windermere, met steiger, ligt ongeveer 1 km buiten het centrum. Dat heeft als voordeel dat de toeristenmassa zich meestal gelijkmatig over de plaats verdeelt. Dus: slenter, kijk om je heen en ontspan je daarna op de boot.

In het kleine Bridge House in Ambleside bewaarde men vroeger appels

SIGHTSEEING

ARMITT

Als je van kunst houdt, is een bezoek aan dit kleine museum met bibliotheek en galerie aan te bevelen. Het werd in 1912 gesticht en vanaf het begin door bekende schrijvers en kunstenaars ondersteund. Zo schonk Beatrix Potter enkele werken en ook zijn er schilderijen te zien van Kurt Schwitters, die de laatste jaren van zijn leven in het Lake District doorbracht. Dit is dus een prima plek om bij te komen van je activiteiten buiten, zeker als het regent. *April–okt. di–za 10–17 uur | toegang £5 | Rydal Road | www.armitt.com*

BRIDGE HOUSE ●

Dit kleine, op een stenen brug over de rivier de Stock Beck gebouwde huis wordt graag op de foto gezet. Het ontstond in de 17de eeuw als opslagplaats voor appels, maar nu zijn twee gedeeltes van het gebouwtje met passende meubels uit die tijd ingericht. Typerend voor toen is het met leisteen bedekte dak, dat zorgt voor een fraai plaatje, samen met de rivier die onder het huis door stroomt. *April–okt. dag. 11.30–16.15 uur | gratis toegang | Rydal Road | www.nationaltrust.org.uk/ambleside*

STOCK GHYLL FORCE

Na een korte wandeling vanuit het centrum naar het oosten kom je bij de 20 m hoge waterval, die wordt gevormd door de Stock Beck. Het verval van deze rivier dreef ooit de twaalf watermolens aan die Ambleside telde. Geen ervan is meer in bedrijf: de meeste zijn afgebroken en een enkele is omgebouwd tot woonhuis. *Altijd toegankelijk | gratis toegang | 6 Stockghyll Lane*

ETEN & DRINKEN

COPPER POT CAFÉ

Een aardig, klein café met lichte gerechten, die variëren van een burger en salades tot sandwiches en andere kleine schotels. Het wordt allemaal vers bereid, gebruikmakend van voornamelijk plaatselijke producten. *Church Street | tel. 015394 31911 | www.copper-pot.co.uk* | €

OLD STAMP HOUSE

De sint-jakobsschelpen zijn een gedicht en ook de reebout zul je je blijven herinneren. Het maakt niet uit wat je in dit eersteklas restaurant bestelt, alles verwijst naar de verfijnde Franse keuken. *Church Street | tel. 015394 32775 | www.oldstamphouse.com* | €€€

SPORT & RECREATIE

Bij de Waterheadpier kun je boten huren *(1 uur vanaf £16 | www.windermere-lakecruises.co.uk)*. Hier leggen de rondvaartboten aan die ook Bowness en Lakeside aandoen.

De *Ambleside Climbing Wall (vanaf £8,50 | 101 Lake Road | tel. 015394 33794 | www.amblesideadventure.co.uk)* heeft niet alleen een lage klimwand voor kinderen, maar organiseert tevens cursussen voor gevorderden. In het *Low Wood Bay Resort (Ambleside Road | tel. 015394 39441 | www.englishlakes.co.uk/low-wood-bay/watersports)* zo'n 1,5 km zuidelijker, kun je onder meer waterskiën *(£75 per half uur)* en flyboarden *(£55 per half uur)*.

Een mooi en simpel wandelpad van 5 km loopt ten westen van Ambleside naar het meer *Loughrigg Tarn* en verder naar een kleine waterval, *Skelwith Force*, langs rivieren, een ander meer, bergen en door bossen.

VERBLIJF

CLAREMONT GUEST HOUSE

Kleine B&B in het centrum, zonder veel opsmuk, met eenvoudige, meest modern ingerichte kamers. *6 kamers | Compston Road | tel. 015394 33448 | www.claremontambleside.co.uk* | €

MARCO POLO HIGHLIGHTS

★ **Hawkshead**
Een dorp als in een film, idyllisch tot en met het laatste huis → blz. 36

★ **Wray Castle**
Eigenlijk een gewone woning, mooi gebouwd als gotische burcht in een indrukwekkend landschap → blz. 37

★ **Lakeside and Haverthwaite Railway**
Deze oude stoomtrein rijdt tussen Windermere en Haverthwaite → blz. 40

★ **Cartmel Racecourse**
Tijdens de paarderennen is het dorpje Cartmel een doel voor veel Engelsen uit het hele land → blz.42

★ **Allan Ban**
Dit huis van de oprichter van de National Trust, Canon Rawnsley, in Grasmere inspireerde dichters en kan ook even van jou zijn → blz.44.

★ **Dove Cottage**
De dichter William Wordsworth woonde in dit huisje in Grasmere. Vandaag de dag voel je je tijdens een rondleiding als in zijn tijd → blz. 44

★ **Easedale Tarn**
Een klein meer met geweldig vooruitzicht in zich bergt: buitengewone stilte → blz. 45

WATERHEAD HOTEL
Na het ontbijt kun je direct een rondvaart maken hier in Ambleside. In dit luxueuze en traditioneel ingerichte hotel aan de pier overnacht je met een mooi uitzicht en word je verzorgd met een fantastische service. *41 kamers | Lake Road | tel. 015394 3 25 66 | www.englishlakes.co.uk |* €€€

TOERISTISCHE INFORMATIE

Tourist Information Centre | Central Buildings | Market Cross | tel. 0844 2 25 05 44 | www.amblesideonline.co.uk

LOW BUDG€T

Merkartikelen tegen spotprijzen vind je in de kleine outlet mall *K Village (1 Riverside Place | Lound Road | www.kvillage.co.uk)* dat vlak naast de rivier ligt in Kendal. Hoewel het niet direct een groot koopcentrum is, loont het toch de moeite er langs te gaan, vooral ook omdat het parkeren er relatief goedkoop is en je daarna te voet de binnenstad in kunt gaan.

Echt goedkoop avondeten is mogelijk bij de pubketen *JD Wetherspoon*. Daar krijg je goedkope maaltijden voorgeschoteld in vaak zeer fraaie pubs. Zo kun je bijvoorbeeld al vanaf £7 een hoofdgerecht met een alcoholisch drankje krijgen en iedere dag zijn er bovendien aanbiedingen als curry's, steaks of *fish & chips*. De pub *The Miles Thompson (Allhallows Lane | tel. 01539 81 57 10)* in Kendal maakt ook deel uit van deze keten.

IN DE OMGEVING

HAWKSHEAD ★ (130 B2) *(E6–7)*
Peter Rabbit vind je overal in Hawkshead (500 inw.). Er is haast geen winkel die niet verwijst naar dit konijn uit de kinderboekenreeks. Daarnaast is het een op uniek wijze intact gebleven, middeleeuws aandoend dorp. Auto's mogen er niet in en moeten op de parkeerplaats buiten het dorp blijven, dat makkelijk te voet te verkennen is.
Bezienswaardigheid is er vooral de *Beatrix Potter Gallery (maart/april, sept./okt. dag.. 10–16, mei–aug. 10–17 uur | toegang £6,30 | Main Street | www.nationaltrust.org.uk)*, in het vroegere kantoor van haar echtgenoot. Daar vind je talrijke van haar schilderijen en tekeningen tentoongesteld, voornamelijk van dieren, die ze het liefst tekende. Verder is ook het huis bezienswaardig, met houten vloeren en ruwe wanden.
In de *Hawkshead Grammar School (april–sept. ma–za 10–13 en 13.30–17 uur |toegang £2,50 | Main Street | www.hawksheadgrammar.org.uk)* heeft William Wordsworth op school gezeten. Het is nu museum en ingericht als in die tijd. Lekker ijs vind je in de INSIDER TIP *Little Ice Cream Shop (Laburnum House | The Square)*. Overnachten is mogelijk in de mooie, gemoderniseerde kamers van het 17e eeuwse *Queen's Head Hotel (13 kamers | Main Street | tel. 015394 3 62 71 | queensheadhawkshead.co.uk |* €€*)*.

HILL TOP (130 B2) *(E7)*
Ten westen van Windermere ligt het vroegere woonhuis van Beatrix Potter in een klein dorpje met maar een paar huizen, 12 km ten zuiden van Ambleside. Het lijkt alsof de reeds langgeleden overleden schrijfster even inkopen is gaan doen, ook omdat de kamers ingericht zijn in de stijl van het begin van

Met goed weer is het fijn wandelen in de buurt van Ambleside!

de 20ste eeuw. Potter kocht het met de opbrengst van haar eerste Peter Rabbitboek. Daarna vormde het een bron van inspiratie voor haar en zo vind je Hill Top en omgeving in haar verdere boeken makkelijk terug. Boeken en illustraties geven een goed beeld van het leven van de schrijfster. In de tuin groeien veel planten en kruiden uit de regio. *Maart/april, sept./okt. za–do 10–16.30, mei–aug. dag. 10–17 uur | toegang £10,40 | Sawrey | www.nationaltrust.org.uk*

TROUTBECK (130 B2) (*🕮 E6*)

Het kleine dorp Troutbeck wordt vaak overgeslagen. Het ligt iets van de hoofdweg af en is zo klein dat men in het postkantoor ook koffie met iets erbij verkoopt, omdat verder niemand dat kan doen. De enige bezienswaardigheid is *Townend (mei–okt. wo–zo 13–17 uur | toegang £6,10 | Holbeck Lane | www.nationaltrust.org.uk/townend)*, een 400 jaar oude, witte boerderij die zowel binnen als buiten in de oorspronkelijke staat werd teruggebracht. De geur van de kachel komt je bij binnenkomst direct tegemoet. De houten vloeren kraken en vriendelijke gepensioneerden uit de omgeving vertellen graag over het bestaan in het verre verleden. In de kamers zijn meubels uit de beginjaren te zien en soms wordt er iets georganiseerd, vooral voor kinderen.

Het INSIDER TIP *Queens Head Hotel (10 kamers | Town Head | tel. 015394 3 24 04 | www.queensheadtroutbeck.pub | restaurant €€€, kamers €€)*, dat op liefdevolle wijze geheel is gerestaureerd, biedt je Engels eten en een verkwikkende nachtrust in een totale stilte.

WRAY CASTLE ★ (130 B2) (*🕮 E6*)

Een neogotische burcht die je vooral van buiten moet zien. Deze is prachtig gelegen bovenaan de oever van het Windermere en wekt de indruk dat vanaf hier een groot gedeelte van het Lake District werd overheerst. Dat klopt echter niet, want in plaats daarvan kostte dit het vermogen van een gepensioneerde chirurg, die in 1840 van het geld van zijn vrouw het buitenproportionele gebouw liet optrekken. Het kwam al vroeg, in 1929, in het bezit van de National Trust, maar is pas sinds een paar jaar te bezichtigen. Let binnen op de architectuur met uitgebreide houten betimmering en fraaie traponderdelen. Veel meer is er niet te zien, want Wray Castle staat grotendeels leeg en de opstelling van het biljart en het speelgoed is eigenlijk voor kinderen bedoeld. Je kunt veel beter bij mooi weer in het bijbehorende café een kop thee en wat door de eigenaren zelf bereid gebak kopen en gezeten op een van de banken die bij de hoofdingang staan opgesteld genieten van het schitterende uitzicht over de omgeving! *April, nov. za/zo 10–16, mei–okt. dag. 10–17 ('s zomer 17.30) uur | toegang £9, het terrein is altijd gratis toegankelijk | Ordnance Survey | www.nationaltrust.org.uk*

BOWNESS & WINDERMERE

KAART IN HET ACHTEROMSLAG (130 B2) (*E7*) **Als je waarde hecht aan authenticiteit, aan billijke prijzen en aan enige rust, dan kun je Bowness-on-Windermere (3800 inw.) beter mijden.**

Varkentjes in The World of Beatrix Potter in Bowness-on-Windermere

Het eigenlijk zeer charmante plaatsje aan het Windermere heeft zich ontwikkeld tot een toeristenplaats zonder weerga. En dat heeft zijn tol geëist. Restaurants, hotels en pubs zijn er genoeg, maar een wandeling door het plaatsje betekent laveren tussen selfiesticks en kinderwagens. Overnachten is nergens zo duur in het Lake District als hier. Een uitstapje van een dag ernaartoe, gecombineerd met een boottocht over het Windermere, is te overwegen.

Direct ernaast ligt het volmaakt tegengestelde Windermere (2300 inw.), een rustig en ingetogen plaatsje met een goede infrastructuur. In het centrum vind je eigenlijk alleen lokale winkels en de cafés en restaurants zijn een stuk minder opdringerig en bieden meer kwaliteit dan in Bowness. Ook heeft de grootste supermarkt van de streek zich hier gevestigd en vind je een station en niet in Bowness.

SIGHTSEEING

THE WORLD OF BEATRIX POTTER

(flap B5) (*b5*)

Beatrix Potter werd beroemd door haar kinderboeken met Peter Rabbit in de hoofdrol, waar haast elk kind mee is opgegroeid. Hier zijn voornamelijk scènes met figuren uit haar boeken uitgebeeld. Voor kinderen afwisselend genoeg, maar als volwassene moet je een uitgesproken Peter Rabbit fan zijn om het te waarderen. *Dag. 10–16.30 uur | toegang £7,50 | Crag Brow | Bowness | www.hop-skip-jump.com*

ETEN & DRINKEN

HOLE IN T'WALL (flap B5) (*b5*)

In deze pub, ook bekend onder de naam New Hall Inn, vind je op de kaart niet alleen Engelse gerechten, maar ook allerlei bieren uit de streek. Op bepaalde dagen wordt er live muziek gemaakt. *Robinson Place | Bowness | tel. 015394 4 31 88* | €€

HOMEGROUND (0) (*0*)

Modern café dat bijzondere koffiesoorten serveert en een niet zo uitgebreide maar verfijnde etenskaart met biologische specialiteiten uit de streek heeft. *Main Road | Windermere | tel. 015394 4 48 63 | www.homegroundcafe.co.uk* | €

PORTO (flap B5) (*b5*)

Paddenstoelrisotto, zeeduivel of steak heb je wellicht al eens eerder ergens gegeten, maar het is de vraag of er toen aan deze gerechten evenveel zorg is besteed als in dit modern ingerichte restaurant. Het voert een Engelse keuken en gebruikt lokale ingrediënten. *3 Ash Street | Bowness | tel. 015394 4 82 42 | www.porto-restaurant.co.uk* | €€€

WINKELEN

De meeste winkels van Windermere zijn te vinden in het gebied tussen Main Road en Crescent Road. INSIDER TIP *The Northern Line (4 Crescent Road)* heeft een ruime keuze aan mooie souvenirs en typisch Engelse spullen voor in huis. Een grote supermarkt met veel producten uit de streek is *Booths (Victoria Street)* bij het station. In *Peter Rabbit and Friends* (flap B5) (*b5*) *(Old Midland Bank | Bowness)* kun je alles krijgen wat met deze kinderboekenfiguur te maken heeft.

SPORT & RECREATIE

Met een roeiboot of fluisterboot kun je het Windermere prima verkennen. Deze zijn te huur direct naast de pier *in Bowness* (flap A6) (*a6*) *(roeiboot£16 per uur, fluisterboot vanaf £26 | Promenade | tel. 015394 4 33 60 | www.windermere-lakecruises.co.uk)*. Hier gaan ook de rondvaarboten.

Fietsen kan ook heel goed op de vlakke en grotendeels autovrije wegen. Stevige mountainbikes huur je voor een dag bij *Country Lanes Cycle Hire Centre (£24 per dag | Windermere Railway Station | Station Precinct | tel. 015394 4 45 44 | www.countrylaneslakedistrict.co.uk)*.

Een mooie, niet al te lange wandeling kun je maken van het station van Windermere naar *Orrest Head,* wat al het doel van de allereerste toeristische wandelroute van deze streek was. En dat niet ten onrechte, want het uitzicht is er buitengewoon, zelfs voor het panoramarijke Lake District.

VERBLIJF

THE BELSFIELD ● (flap B6) *(🕮 b6)*
Een van de twee hotels in Engeland van Laura Ashley, de beroemdste ontwerpster van het land. Het is mooi gelegen, aan de pier en midden in een grote tuin. Voornaam, gemoedelijk, maar niet goedkoop. *62 kamers | Kendal Road | Bowness | tel. 015394 42448 | www.lauraashleyhotels.com/thebelsfield | €€€*

CRAIGHOLME B&B (flap C4) *(🕮 c4)*
Een kleine, gemoedelijke B&B in Bowness; dit etablissement ligt helaas niet aan het meer. *3 kamers | 70 Craig Walk | tel. 015394 48309 | www.lakesguesthouse.co.uk | €*

TOERISTISCHE INFORMATIE

Tourist Information Centre (0) (🕮 0) | Victoria Street | Windermere | bij het station | tel. 015394 46499 | www.windermereinfo.co.uk

IN DE OMGEVING

BLACKWELL (130 B3) *(🕮 E7)*
Het 3 km ten zuiden van Bowness gelegen Blackwell mag er dan van buiten alleen maar wat oud uitzien, toch is het witgepleisterde gebouw een architectonische bijzonderheid. Het werd gebouwd aan het eind van de 19de eeuw en vertegenwoordigt de overgangsfase tussen de victoriaanse en de moderne bouwstijl. Binnen is na een omvangrijke verbouwing een galerie gevestigd met werk uit de tijd dat het huis werd gebouwd. Als je niet van kunst houdt, kun je ook buiten blijven voor het mooie uitzicht over het meer. *Dag. 10.30–17 uur | toegang £8 | B5360, Bowness-on-Windermere | www.blackwell.org.uk*

BROCKHOLE (130 B2) *(🕮 E6)*
Het officiële bezoekerscentrum van het Nationaal Park, 4 km ten noordwesten van Bowness, is een attractie op zich. Je vindt er minigolf, een klimroute en een grote tuin. Ook kun je er fietsen en boten huren. In de zomer vaart een pontje voor fietsers tussen Brockhole en de westelijke oever van het Windermere. *Gratis toegang | The Lake District Visitor Centre | Brockhole | tel. 015394 46601 | www.lakedistrict.gov.uk*

LAKESIDE (130 B3) *(🕮 E8)*
Als je genoeg hebt gevaren, kun je overstappen op een museumspoor aan de zuidelijke punt van het Windermere. De ★ *Lakeside and Haverthwaite Railway (april–okt. 11.15–16.50 uur, eenmaal per uur | £4,20 enkele reis | www.lakesiderailway.co.uk)* rijdt met een oude stoomlocomotief vanaf de pier over een 5,6 km lang traject over Newby Bridge naar Haverthwaite. Goedkopere combinatiekaartjes van trein en boot naar Ambleside zijn mogelijk! Direct ernaast worden in het *Aquarium of the Lakes (dag. 10–16.30 uur | toegang £6,95 | www.lakesaquarium.co.uk)* in diverse grote basins toont men vissen uit de hele streek, waaronder forellen en snoeken. Hier vlakbij kun je ook een bezoek brengen aan de *Stott Park Robbin Mill (april–juni, sept./okt. wo–zo, juli/aug. dag. 10–17 uur | toegang £7,60 | Finsthwaite | www.englishheritage.org.uk)*, de laatste overgebleven fabriek voor houten weefspoelen in deze streek.

NEWBY BRIDGE (130 B3–4) (*🕮 E8*)
Deze plaats ten zuiden van het Windermere dankt zijn naam aan de massieve stenen brug over de rivier de Leven. Er is hier niet veel te beleven, alhoewel een *pint* bier buiten naast het voorname *The Swan Hotel (52 kamers | tel. 015395 316 81 | www.swanhotel.com | €€€)*, direct naast de brug, een uiterst ontspannen oponthoud kan opleveren. Dichtbij rijdt gedurende speciale gelegenheden, vooral op feestdagen, de INSIDER TIP *Millerbeck Light Railway (Millerbeck House | Staveley-in-Cartmel | www.millerbeck.org.uk)*, een privé smalspoortreintje. Niet ver hiervandaan vind je aan de A590 het ● *Lakeland Motor Museum ('s zomers dag. 9.30–17.30, anders 16.30 uur | toegang £8,50 | Old Blue Mill | www.lakelandmotormuseum.co.uk)*, dat de droom van iedere autoliefhebber. Honderden oldtimers, zoals oude Bentleys en Jaguars, tot zelfs een Trabant zijn hier te zien, maar ook motorfietsen en aanverwante gebruiksvoorwerpen.

Onderweg met de stoomtrein van de Lakeside and Haverthwaite Railway

CARTMEL

(130 B4) (*🕮 E8*) **Welkom in het dorp waar het meest genoten wordt van heel Engeland en dat is echt positief bedoeld. Cartmel (500 inw.) ligt aan de uiterste zuidgrens, net buiten het Lake District, en wordt daarom nogal eens over het hoofd gezien.**

Dit hele dorp is één ware idylle en daarnaast ook een paradijs voor de echte fijnproever. Hier wordt bier gebrouwen en kaas gemaakt en je vindt er niet minder dan vijf pubs met elk een menu dat niet onderdoet voor dat van een sterrenrestaurant. Maar bovenal: hier heeft *L'Enclume* zich gevestigd, een restaurant uit de Engelse top. Dit heeft wel de vermoedelijk hoogste dichtheid aan dure auto's zoals Porches en Bentleys teweeggebracht, die je overal in de straten geparkeerd ziet.

SIGHTSEEING

CARTMEL PRIORY
Deze kerk staat al 800 jaar, sinds de middeleeuwen, prominent in het dorp en is vooral bekend door de merkwaardige draaiing van 45 graden van het bovenste deel van de toren. Waarom dat zo gedaan is, is onbekend. Zeker is wel dat dit weinig voorkomt in Engeland. Kijk er ook eens binnen, want vooral tijdens de paardenrennen is het hier een oase van rust. Het enige grote venster, in het oosten, stamt uit de 15de eeuw en heeft slechts gedeeltelijk gekleurd glas en ook dat zie je in Engeland niet veel. *'s Winters dag. 9–15.30, anders ma–za 9–17.30, zo tot 16.30 uur | gratis toegang | Priest Lane | www.cartmelpriory.org.uk*

Spanning op de kleinste renbaan van Engeland, de Cartmel Racecourse

CARTMEL RACECOURSE ★

Engelands kleinste paardenrenbaan is tegelijk ook de mooiste. Aan de rand van het dorp, naast een paar woonhuizen gelegen, verleent de baan het dorpje grootsteedse allure tijdens de dagen van de races. Dan zijn er tot in de wijde omgeving verkeersopstoppingen, omdat duizenden uit het hele land zich naar hier begeven. De renbaan is maar op weinig dagen, van mei tot oktober, in gebruik en wel voornamelijk tijdens feestdagen. De races zijn eigenlijk maar een klein onderdeel van het gebeuren, velen komen erop af om bij de bier- en eettentjes feest te vieren. Parkeer niet op de hoofdparkeerplaats, maar ● INSIDER TIP op de achterste, want die is gratis. Als je alleen wilt kijken en niet wedden: dat kan ook op deze plek, met goed zicht op het geheel, en gratis. *Toegang tijdens de races £14 tot £60 afhankelijk van de categorie (online goedkoper), elders gratis toegang | www.cartmel-racecourse.co.uk*

ETEN & DRINKEN

L'ENCLUME

Het ligt iets verscholen, maar is het zoeken waard, want Simon Rogan heeft met zijn bijzondere restaurant al heel wat prijzen gewonnen, waaronder twee Michelinsterren. Het voert een hoogstaande Engelse keuken op basis van lokale producten. Op ieder bord wordt een waar kunststuk gecreëerd, natuurlijk tegen een zekere prijs. INSIDER TIP Zeer chique kamer om te overnachten vind je er ook. *Cavendish Street | tel. 015395 36362 | www.lenclume.co.uk* | €€€

THE KINGS ARMS

Deze mooie, oude pub op het centrale plein serveert klassiek pubeten, maar wel zeer verzorgd met gebruik van regionale producten, vaak biologisch. Zelfs een krabsandwich wordt een kunststuk. *The Square | tel. 015395 33246 | www.thekingsarmscartmel.co.uk* | €€€

WINKELEN

Dit is echt een plek voor zoetekauwen. Naar verluidt, heeft zelfs superster Madonna de *sticky toffee pudding* uit Cartmel geproefd. Dat is een uitermate zoet, in toffeestroop gedrenkt mengsel van cake en pudding. Dit belangrijkste exportproduct van het dorp is verkrijgbaar in de *Village Shop (The Square)*. Daar wordt het dessert ook gefabriceerd.

Eigen bier vind je in de INSIDER TIP *Unsworth's Yard Brewery (4 Unsworth's Yard)* en bij *Hotwines (5a Unsworth's Yard)*, de wijnwinkel ertegenover.

SPORT & RECREATIE

Bij de renbaan begint een 6 km lange rondweg naar het westen, die een mooi uitzicht over het dorp verschaft, terwijl je langs grasvelden wandelt en de niet zo hoge *Mount Barnard* passeert. Voor een wat langere wandeling kun je de 39 km lange *Cistercian Way* nemen, die je van Grange-over-Sands door het kleine Cartmel naar de kust bij Barrow-in-Furness brengt.

Als je de hoogte in wilt, belooft een parachutesprong wat meer spanning dan een wandeling. Zo'n sprong wordt verzorgd door *Sky Dive Northwest (Tandemsprong £230 | Cark Airfield | Moor Lane | Flookburgh | tel. 015395 5 86 72 | www.skydivenorthwest.co.uk)* ten noorden van Cartmel.

VERBLIJF

PRIORY HOTEL

De kamers in dit oude, maar zeer comfortabele hotel hebben een zorgvuldige modernisatie ondergaan. Het hotel ligt midden in Cartmel. *7 kamers | The Square | tel. 015395 3 40 70 | www.prioryhotelcartmel.co.uk | €€€*

IN DE OMGEVING

GRANGE-OVER-SANDS

(130 B4–5) (*E8*)

Waar de rivier de Kent uitmondt in de Morecambe Bay, strekt zich dit aangename badplaatsje (4000 inw.) uit aan de zuidelijke rand van het Lake District. Aansluiting aan het spoor in de 19de eeuw veranderde dit vissersdorpje in een soort kuuroord. De zilte zeelucht gold als geneeskrachtig, vooral tegen longaandoeningen. De ligging aan zee bezorgde de plaats ook de toevoeging 'over Sands', door de zandbank die bij eb boven water komt. Deze wordt vaker gefotografeerd dan de zee zelf. In dit mondaine vakantieoord vind je vooral rust, waarbij de autovrije promenade tot een wandeling uitnodigt. Het victoriaanse *Cumbria Grand Hotel (124 kamers | Lindale Road | tel. 015395 3 23 31 | www.strathmorehotels.com | €€€)* is het beste hotel ter plekke. Degelijk Engels eten, van beef tot een vegetarische ovenschotel, krijg je in *Thyme Out Restaurant (Main Street | tel. 015395 3 40 79 | www.thymeoutgrange.com | €€)*.

HOLKER ESTATE (130 B4–5) (*E8*)

Het ziet eruit als een paleis, dit 4 km ten zuidwesten gelegen en in jacobijnse stijl gebouwde onderkomen van de familie Cavendish, een van de invloedrijkste adellijke families in Engeland. Ze bezit ook de renbaan in Cartmel. Hoewel de torentjes en spitsgevels buiten al bezienswaardig genoeg zijn, maken de met zijde bespannen plafonds, het vele fijne houtwerk en de meer dan 3500 eeuwenoude boeken in de bibliotheek nog veel meer indruk. De 10 ha grote tuin staat bekend om zijn grote rodondendronstruiken en oude bomen. *April–okt., wo–zo 10.30–17 uur | toegang £12,50 | Cark-in-Cartmel | www.holker.co.uk.* Het festival in de tuinen, waardoor het landgoed zeer bekend is geworden, wordt sinds kort niet meer georganiseerd.

GRASMERE

KAART IN HET ACHTEROMSLAG
(130 B1) (*E6*) **Schilderachtig slingeren de weinige straten van Grasmere (1000 inw.) zich door het plaatsje, onoverzichtelijk en meestal zonder trottoir. Ook trekken met enige regelmaat koeien midden door het centrum.**
Geld uit de pinautomaat halen kan alleen maar als het enige, kleine supermarktje open is. Engelse toeristen op zoek naar de verblijfplaatsen van de dichter William Wordsworth komen met busladingen tegelijk, want hij heeft hier lang in de buurt gewoond. Ook de aanblik van het uiterst fotogenieke plaatsje trekt veel bezoek. Je kunt bovendien verschillende fijne wandelingen maken in de omgeving. Het is het overwegen waard hier een nacht te blijven slapen, omdat het in de avond, zonder dagjesmensen, pas echt goed mogelijk is deze idylle te ondergaan.

SIGHTSEEING

ALLAN BANK ★ (flap D4) (*d4*)
Een bijzonder huis met een heel eigen geschiedenis. Hier kun je thee of koffie halen uit de keuken en je thuis voelen in wat ooit het huis was van Canon Rawnsley, de medeoprichter van de instelling die het erfgoed in Engeland beschermt, de National Trust. Naar verluidt heeft de dichter William Wordsworth hier ook inspiratie opgedaan. Er liggen geen tapijten op de vloer en het huis is ook karig gemeubileerd, wat een heel bijzondere sfeer met zich meebrengt. Vanuit veel kamers heb je een fraai uitzicht over het meer, het Grasmere, en je kunt overal gewoon gaan zitten, zoals in de ● ligstoelen in de tuin. In een bijgebouwtje laat een film op levendige wijze de geschiedenis van de plek zien. Vanuit de achterdeur loop je in een nog geen 1 km lange wandeling het hele terrein rond, ondermeer door een victoriaanse tunnel en steil een heuvel op. *Maart–okt. dag. 10–17, nov./dec. vr–di 10–16 uur | toegang £6,10 | Broad Gate | www.nationaltrust.org.uk*

DOVE COTTAGE ★ (flap F6) (*f6*)
De dichter William Wordsworth stichtte hier in de vroegere herberg aan de rand van Grasmere zijn gezin. Nu kun je tijdens je bezoek een goede indruk krijgen onder welke armoedige omstandigheden ze samen in de kleine kamertjes, onder de lage plafonds woonden. Begeleid door een gids kom je, ook als je Wordsworth niet kende, veel te weten over het leven van de dichter en vooral ook over het alledaagse leven uit die lang vervlogen tijd. In het aangrenzende *Wordsworth Museum (toegang inbegrepen)* vind je foto's en manuscripten van de auteur. *Maart–okt. dag. 9.30–17.30, nov.–feb. 10–16.30 uur | toegang £8,95 | www.wordsworth.org.uk*

ETEN & DRINKEN

INSIDERTIP BALDRY'S TEA ROOM ●
(flap E5) (*e5*)
In dit kleine café waan je je even terug in de woonkamer van oma. Je kunt er cakes, sandwiches, soep en *cream tea* met *scones* en *clotted cream* krijgen, dit alles voornamelijk met regionale producten bereid. Bij mooi weer kun je buiten op het terras het leven hier op je gemak bestuderen. *Red Lion Square | tel. 07760 773671 | www.baldryscottage.co.uk | €*

Heerlijk wandelen, natuurlijk met picknick, bij Grasmere

FOREST SIDE (flap E5) (*e5*)
Kevin Tickle komt uit *Cumbria*, is kok en neemt deze kwaliteiten allebei serieus. Hij serveert gerechten uit de Anglo-Franse keuken, gebaseerd op regionale producten van het seizoen. De kruiden die hij daarbij gebruikt, komen vaak uit eigen tuin. *Keswick Road | tel. 015394 352 50 | www.theforestside.com | €€€*

WINKELEN

Alle bezoekers willen ten minste naar de *Sarah Nelson's Gingerbread Shop* (flap E5) (*e5*) *(Church Cottage | www.grasmeregingerbread.co.uk)*, dus je hoeft alleen maar de rij toeristen voor het huisje naast het kerkhof te zoeken. De naamgeefster leeft allang niet meer, maar nog steeds wordt het *gingerbread* gemaakt zoals zij dat ooit deed: een gekruide soort biscuit die een beetje naar speculaas smaakt. Het recept is vanzelfsprekend streng geheim!

SPORT & RECREATIE

Roeiboten zijn te huur bij *Faeryland* (flap D6) (*d6*) *(£15 per uur | Red Bank Road | tel. 015394 350 60 | www.faeryland.co.uk)*, aan de rand van het stadje.
De grootte van het meer Grasmere is geschikt voor een twee uur durende wandeling eromheen. In het noordwesten loopt geen pad direct langs het water, dus daar moet je uitwijken naar een smalle weg iets verderop.
Een wandeling van nog geen uur, die begint via de Easedale Road naast de *Heaton Cooper Studio* (flap D4) (*d4*), brengt je naar het meer de *Easedale Tarn.* Het uitzicht over het dal is al bij de tocht omhoog indrukwekkend, maar boven wacht je bovendien een buitenaardse stilte, misschien ook omdat er geen dekking is voor je mobiele telefoon. En hoofdzaak is toch dat je een perfecte plek voor een picknick hebt gevonden!

Het Elterwater is in de winter minstens zo mooi

VERBLIJF

THE INN (flap D5) *(d5)*
Liefdevol gerestaureerd, modern hotel in traditionele stijl, met een van de weinige pubs in het stadje, midden in het centrum. Een INSIDER TIP mooi uitzicht over Grasmere heb je vanaf het balkon van de hoogste kamers. *49 kamers | Red Lion Square | tel. 0844 3876068 | www.grasmereredlionhotel.co.uk |* €€

THE WORDSWORTH HOTEL
(flap D5) *(d5)*
Met de dichter heeft dit hotel niets uitstaande, de ligging midden in het centrum, de fraaie kamers en de kwaliteit van de maaltijden overtuigen wel. *39 kamers | Church Stile | tel. 015394 35592 | www.thewordsworthhotel.co.uk |* €€€

TOERISTISCHE INFORMATIE

Tourist Information (flap D5) *(d5) | Red Bank Road | tel. 015394 35245*

IN DE OMGEVING

ELTERWATER EN GREAT LANGDALE
(130 A–B 1–2) *(D–E6)*
Elterwater is een wat verborgen dorp, niet ver van het gelijknamige meer en uitermate geschikt als decor voor een Engelse detectiveserie. Het ligt in het dal Great Langdale en je kunt er slechts via smalle weggetjes komen, hoewel die inspanning wel loont. Je komt bij het meer door verder te rijden, maar in het dorp (100 inw.) kun je in het zonnetje voor het *Elterwater Café* van een cappuccino genieten. Voor een *pint* kun je terecht in de tegenover liggende *Britannia Inn (tel. 015394 37210 | €)*, waar je ook pubmaaltijden kunt verkrijgen. Parkeren kun je een stukje terug op het parkeerterrein van de National Trust (vaak vol). Daar vind je een pad van circa 700 m naar het Elterwater, langs de rivier de Brathay. In het hele Langdale is het ook verder heerlijk wandelen. Er zijn nogalwat vakantiewoningen te huur, waar-

onder het comfortabele *Jonty's Cottage (1 Main Street | tel. 015394 3 74 17 | www.jontyscottage.co.uk | €€).*

RYDAL MOUNT (130 B1) *(E6)*

Deze plek, 3 km ten zuidoosten van Grasmere, kan niet anders dan de creativiteit stimuleren. Hiervoor is het laatste huis dat de dichter William Wordsworth heeft bewoond, bij uitstek geschikt. Door de hoge ligging boven Rydal Water moet het vroeger een schitterend uitzicht op het water hebben gehad, maar nu staan er bomen in de weg. Toch is het er nog steeds bijzonder. Het is altijd in het bezit van de familie van de dichter gebleven en is opengesteld voor bezichtiging. Je kunt je in de verschillende compleet ingerichte kamers met goed bewaard gebleven meubels op bezoek wanen bij Wordsworth, maar vergeet daarnaast vooral niet de bloementuin te bezichtigen. INSIDER TIP *Rydal Hall (30 kamers | Rydal | tel. 015394 3 20 50 | €€)*, ertegenover, is een conferentiecentrum van de Church of Engeland, van jet diocees van Carlisle, in een prachtig gebouw uit de 16de eeuw. Iedereen kan er blijven overnachten. *Rydal Mount: maart–okt. dag. 9.30–17, nov.–feb. wo–zo 11–16 uur | toegang £7,50 | www.rydalmount.co.uk*

KENDAL

KAART IN HET ACHTEROMSLAG (130–131 C–D3) *(F–G7)* **De niet al te grote stad Kendal (29.000 inw.) is het zuidelijke centrum van het Lake District, maar ligt net buiten het Nationaal Park.**

Deze plaats heeft veel voordelen, zoals het bezit van een mooie, kleine voetgangerszone, veel restaurants, een bioscoop en een winkelcentrum. Het is dus het overwegen waard om hier onderdak te zoeken en vervolgens het Lake District in dagtochten te verkennen. Ook is er in Kendal zelf nog wel het een en ander te bekijken, zoals de ruïne van een oude burcht. Daar komt nog het voordeel bij dat overnachten, eten en benzine hier INSIDER TIP vaak goedkoper zijn dan in het Nationaal Park.

SIGHTSEEING

KENDAL CASTLE (flap C2) *(c2)*

Klim niet met je nette schoenen naar de ruïne van de burcht van Kendal, want de weg is altijd modderig. Toch is die tocht de inspanning wel waard. De muren uit de 12de eeuw leveren fraaie foto's op, maar bovenal heb je vanaf hier een bijzonder uitzicht over Kendal en de omringende bergen. Van de burcht zelf zijn maar een paar muurresten over. *Altijd toegankelijk | gratis toegang | Castle Hill | toegang vanaf Sunnyside*

MUSEUM OF LAKELAND LIFE AND INDUSTRY (flap B3) *(b3)*

Prima om te bezoeken tijdens een dag waarop het regent. Dit goed uitgeruste streekmuseum illustreert uitgebreid het leven van vroeger in het Lake District aan de hand van gebruiksvoorwerpen en foto's en laat zien hoe de mensen toen, voor de komst van het toerisme, leefden van mijnbouw, landbouw en textielindustrie. *Ma–za 10.30–17 uur | toegang £5,50 | Abbot Hall Art Gallery | Kirkland | www.lakelandmuseum.org.uk*

ETEN & DRINKEN

CASTLE DAIRY (flap B1) *(b1)*

In dit gebouw uit de middeleeuwen, met een beschermde status, worden heerlijke gerechten geserveerd, die al vaak zijn onderscheiden, waarin bijvoorbeeld lam, konijn en vis, perfect bereid, de hoofdrol spelen. *26 Wildman Street | tel. 01539 814756 | www.castledairy.co.uk* | €€

DÉJÀ-VU IN KENDAL (flap A1) *(a1)*
Deze kleine bistro aan de rand van het winkelgebied is bekend om zijn niet al te dure menu's met vis of vlees, maar ook met vegetarische gerechten. *124 Stricklandgate | tel. 01539 724843 | www.dejavukendal.com* | €€

WINKELEN

In het centrum van Kendal is al het nodige te koop. De oude markt (flap A1) *(a1)* werd tot winkelcentrum omgebouwd en op de plek van de vroegere marktkramen worden nu snuisterijen verkocht. Voor de ingang staan elke woensdag en zaterdag in de morgen kraampjes met etenswaren.

SPORT & RECREATIE

Kendal ligt weliswaar niet in de bergen ligt, maar het beschikt over een kunstmatige klimwand in het *Lakeland Climbing Centre* (0) *(0) (toegang £10,50 | Lake District Business Park | Mint Bridge Road | tel. 01539 721766 | www.kendalwall.co.uk)*.
Fietsroutes gaan vanaf Kendal naar Windermere en naar Bowness (16 km), voorts naar Arnside aan de kust (42 km). Omdat er nauwelijks fietspaden zijn, gaan de routes haast uitsluitend over de gewone weg. Fietsen kun je in Kendal niet huren, die moet je dus zelf meenemen of er een in Windermere huren.

VERBLIJF

MILLERS BECK COUNTRY GUESTHOUSE (0) *(0)*
Eenvoudige B&B buiten Kendal, waar je eventueel zelf kunt koken. *4 kamers | Millers Beck Millbridge Lane | Stainton | Kendal | tel. 01539 560877 | www.millersbeck.co.uk* | €

THE RIVERSIDE (flap B1) *(b1)*
Een comfortabel hotel in een leerlooierij uit de 17de eeuw, direct aan de rivier, met een kleine wellnessafdeling. *50 kamers | Stramongate Bridge | Beezon Road | tel. 01539 734861 | www.riversidekendal.co.uk* | €€

TOERISTISCHE INFORMATIE

Kendal Tourist Information Centre Made in Cumbria (flap B2) *(b2) | 48A Branthwaite Brow | tel. 01539 735891 | www.visitcumbria.com/sl/kendal*

IN DE OMGEVING

HAWKSHEAD BREWERY
(130 C2) *(F7)*
De brouwersketel is het meest opvallend, maar de inhoud is het belangrijkst. Tijdens een rondleiding door de Hawkshead Brewery (8 km ten noordwesten van Kendal) krijg je te horen waardoor deze biersoorten uit Cumbria zo hoppig zijn en waarom zelfs vruchten en specerijen in veel van hun bieren belanden. Erna kun je proeven, zoals een fruitige Windermere pale ale, een lichte, frisse Hawkshead lager, of een moutige red. Al deze bieren zijn veel kruidiger dan de gewone bieren uit de supermarkt. Ook is er een *restaurant (€€)* dat alle bieren serveert die hier worden gebrouwen. *Rondleidingen dag. 13 uur | toegang £8 | Staveley Mill Yard | Unit 22/28, Back Lane | Staveley | tel. 01539 822644 | www.hawksheadbrewery.co.uk*

LEVENS HALL (130 C4) *(F8)*
Vooral de tuin van dit elisabethaanse huis is bijzonder. Centrale elementen

Rusten in een bloemenzee: de eeuwenoude tuin van Levens Hall

zijn de kunstig gesnoeide bomen en struiken. Guillaume Beaumont, de opperhovenier van koning Jacobus II, ontwierp de tuin aan het eind van de 17de eeuw en het meeste ervan is sindsdien bewaard gebleven.

Gedeeltes van het gebouw zijn nog veel ouder en stammen uit de 13de eeuw. Hier zijn vooral de rijk gemeubileerde kamers bezienswaardig, met kunstig versierde plafonds en enkele met leer beklede wanden. Meer natuur vind je aan de andere kant van de straat, waar in het grote park onder andere ook veel herten voorkomen. *April–sept. zo–do 12–16 (tuin 10–17) uur | toegang £13,50 | www.levenshall.co.uk*

SIZERGH CASTLE (130 C3) (*F7*)

Iets buiten Kendal staat dit 750 jaar oude slot, dat in uitstekend staat bewaard is gebleven, maar jammer genoeg slechts op heel weinig tijdstippen van binnen te bezichtigen is. Jammer, omdat de uitgebreide lambriseringen en de enorme toegangshal zeer bezienswaardig zijn. Als je het tijdens een rondleiding kunt bezoeken, zie je naast oude portretten en bezienswaardige meubelstukken een slaapkamer uit de 16de eeuw, die wegens het aanwezige houtsnijwerk lang in het gerenommeerde Victoria and Albert Museum in Londen heeft gestaan voordat bij in 1999 hier weer in de oorspronkelijke staat werd teruggebracht. De tuin is wel het hele jaar door toegankelijk en herbergt naast honderden planten uit de omgeving een fruitboomgaard en een verzameling varens van nationaal belang. Niet ver van de uitgang is een bezoek aan de INSIDER TIP *Farm Shop (Low Sizergh Barn)* aan te bevelen. Hier kun je naast allerlei levensmiddelen ook geschenken aanschaffen. Tevens kun je in het bijbehorende café allerlei heerlijkheden nuttigen. *Tuin dag. 10–17 uur | rondleidingen door het huis april–okt. di–vr, zo 11 en 11.20 uur (£1) | toegang £10,50 | www.nationaltrust.org.uk*

CONISTON WATER & HET ZUIDWESTEN

Als je op zoek bent naar afwisseling: er ligt een adembenemend landschap in het zuidwesten van het District met een paar buitengewoon mooie bergen.

De kust hier is ook de belangrijkste industriezone van Cumbria, waar zich bijvoorbeeld de bekende of voor velen beruchte kernreactor Sellafield bevindt met meer dan 10.000 medewerkers en waar Barrow-in-Furness ligt met de belangrijkste scheepswerven van Engeland. Dit contrast zul je trouwens waarschijnlijk niet opmerken, want alles wat bezienswaardig is, ligt ver weg van deze industriegebieden.

Je vindt in het zuidwesten meerdere meren, zoals Coniston Water, Wast Water en Tarn Hows, in een gebied waar je heerlijk kunt wandelen. Verder heb je vanaf de Hardknott Pass een fantastisch uitzicht over de bergen in de omgeving. Overal vind je nog de sporen van de aanwezigheid van Romeinen en Kelten in het verleden. Dus al is het zuidwesten rustiger dan de andere gebieden, te beleven valt er genoeg.

CONISTON

(129 E2) (*D7*) **De mijnen rondom dit oude mijnwerkersdorp (900 inw.) zijn al heel lang dicht, toch getuigen de grauwe huizen met hun leistenen daken nog altijd van die verleden tijd.**

Al lang heeft Coniston, ten noordwesten van het wonderschone meer Coniston Water, zich ontwikkeld tot een toeristi-

Foto: Wast Water

Het zuidwesten van het Lake District is een idylle tussen bergen en kust: het biedt veel afwisseling en wordt slechts weinig bezocht

sche trekpleister. Een reeks cafés, pubs en souvenirwinkels overheerst de hoofdweg B5286, en op de terrasjes is het vooral in de zomer goed uit te houden. Blijf daar echter niet te lang hangen, want aan het water is het nog aangenamer.

SIGHTSEEING

RUSKIN MUSEUM

Dit museum biedt meer dan de naam zegt. Want hoewel er het leven wordt belicht van de schrijver John Ruskin, die in de buurt werd geboren, is er heel wat meer te zien in de expositie. Er zijn curiosa en bijzondere voorwerpen uit de omgeving verzameld, zoals merkwaardig genoeg violen, maar je vindt er ook herinneringen aan de vroegere kopermijnen en zelfs foto's, beschrijvingen en overblijfselen van de *Bluebird K7*, de motorboot met straalmotor van Donald Campbell. Hij verongelukte in deze boot in 1967 dodelijk tijdens een recordpoging op Coniston Water, hier vlakbij. *Midden maart–midden nov. dag. 10–16.30 uur |*

toegang £6 | A593 | www.ruskinmuseum.com

STEAM YACHT GONDOLA ★ ●

Het is heerlijk varen op dit met stoom aangedreven jacht over Coniston Wa-

Ontspannen op een stoomboot: de Gondola

ter op een zwoele zomerdag, zoals de reizigers van de Furness Railway dat waarschijnlijk ook al graag deden. Deze spoorwegmaatschappij heeft dit jacht ooit laten bouwen om aansluiting te bieden op haar spoorwegnet. Veel van de luxueuze manier waarop je vroeger werd vervoerd, kun je aan boord van dit schip nog steeds beleven. *April–okt. dag. gewoonlijk vier tochten (11, 12, 13 en 14.30 uur) | kaartje vanaf £11 | Coniston Pier | Lake Road | www.nationaltrust.org.uk*

ETEN & DRINKEN

THE BLACK BULL INN

De maaltijden die hier worden geserveerd, zijn stevig te noemen en het kunnen gerechten zijn als lam en *fish & chips,* maar ook voedzame desserts als brownies omvatten. Gelukkig kun je dit alles met een echte INSIDER TIP *Coniston ale* completeren, die in meerdere variëteiten hier zelf wordt gebrouwen. *The Lake District | tel. 015394 41335 | www.blackbullconiston.co.uk | €€*

BLUEBIRD CAFÉ

Dit café is perfect gelegen aan de oever van het Coniston Water om over het water uit te kijken en te zien hoe de vele boten hier aanleggen. Je kunt er kleine gerechten als pasta's, salades of sandwiches geserveerd krijgen, naast zoetigheden. *Lake Road | tel. 015394 41649 | www.thebluebirdcafe.co.uk | €*

SPORT & RECREATIE

Voor roeien, peddelen of fietsen is het Coniston Water uitermate geschikt. Boten en fietsen kun je huren bij het *Coniston Boating Centre (dag. 10–17 uur | vanaf £15 per uur voor een boot en per twee uur voor een fiets | Lake Road | tel. 015394 41366 | www.conistonboatingcentre.co.uk).*

Een populaire, niet te zware wandeling brengt je in ongeveer twee uur van Coniston naar de *Old Man,* de top van een berg met een spectaculair uitzicht.

VERBLIJF

BANK GROUND FARM

Een oude, maar gemoderniseerde boerderij aan de oostkant van Coniston Water als B&B, met aangenaam ingerichte kamers; ook zes vakantiewoningen.

6 kamers | Coniston Water | tel. 015394 4 12 64 | www.bankground.com | €

WATERHEAD HOTEL

Vanaf het terras heb je uitzicht over de bergen en over het Coniston Water, verborgen achter wat bomen. In dit klassiek ingerichte hotel heerst een sfeer van rust en ontspanning. *24 kamers | Hawkshead Road | tel. 01539 44 12 44 | www.waterheadhotel.co.uk | €€*

TOERISTISCHE INFORMATIE

Tourist Information Centre | Ruskin Ave | tel. 015394 4 15 33 | www.conistontic.org

IN DE OMGEVING

BRANTWOOD (129 E2–3) (*E7*)

Wat ooit het woonhuis was van de schrijver en filosoof John Ruskin is nu een museum en cultureel centrum. Het ligt mooi bij een helling aan de oostkant van het Coniston Water, met uitzicht over het water en de bergen erachter. Een mooiere plek om te wonen is er eigenlijk niet. Van binnen ziet het er nog uit als in de tijd van Ruskin, die er woonde van 1871 tot zijn overlijden in 1900. Ga als je kunt met een van de INSIDER TIP *Coniston Launchboten* (*dag. 11–15 uur eenmaal per uur | vanaf £11,25 | www.conistonlaunch.co.uk*) vanaf Coniston Pier over het meer direct naar Brantwood, want de tocht over het water is een belevenis op zich. Op het terrein in het perfect gerestaureerde *Terrace Coffee House* (€) zijn kleine lekkernijen te verkrijgen die je buiten kunt nuttigen, met een mooi uitzicht over de bergen. *Maart–nov. dag. 10.30–17, dec.–feb. 10.30–16 uur | toegang £7,70 (alleen tuin £5,35) | combikaartje met oversteek per boot te koop op de boot | oostelijke oever van Coniston Water | www.brantwood.org.uk*

GRIZEDALE FOREST

(129 E–F 2–3) (*E7*)

Dit bos tussen Coniston Water en Windermere biedt naast natuur ook kunst, in de vorm van het *beeldenpark (www.grizedalesculpture.org)*. Dit stelt continu ongeveer 40 werken van internationaal befaamde kunstenaars tentoon, verspreid over het hele bos. Het merendeel kom je echter tegen langs de *Silurian Way*, een rondwandeling van 16 km door Grizedale. Deze wandeling kun je het best beginnen vanaf het bezoekerscentrum tussen Hawkshead en Penny Bridge, waar je ook mountainbikes en elektrische fietsen kunt huren

MARCO POLO HIGHLIGHTS

★ **Steam Yacht Gondola**
Maak met deze oude stoomboot een tocht over Coniston Water → blz. 52

★ **Ravenglass and Eskdale Railway**
Dit oude spoortraject loopt vanuit Ravenglass door schitterende natuur → blz. 55

★ **Hardknott Pass**
Een steile pas met bijzonder uitzicht over de omringende bergen → blz. 56

★ **Muncaster Castle**
Landgoed met een spookslotachtig kasteel en een grote tuin → blz. 56

★ **Hoad Monument**
Hoewel het erop lijkt, is het geen vuurtoren. Vanaf dit monument, hoog boven Ulverston, heb je een schitterend uitzicht → blz. 57

(£25–40 per dag | tel. 01229 86 03 35 | www.velobikes.co.uk) om Grizedale *(www.forestry.gov.uk/grizedale)* op een sportieve manier te verkennen.

TARN HOWS (129 E2) *(E6)*
Hoewel Tarn Hows (ook bekend als *The Tarns*) eigenlijk maar een klein meer is, wordt het toch vanwege de eilandjes en de beboste omgeving het meest gefotografeerd van alle plekken in het Lake District. Het mooist is het om er vanuit Coniston of Hawkshead naartoe te wandelen, in een tocht van 4 km langs smalle weggetjes en door bijzondere natuur. Er loopt ook een weg om het meer heen. Het meer was ooit, zoals veel in het Lake District, bezit van de schrijfster Beatrix Potter, die het echter nog tijdens haar leven aan de National Trust verkocht.

LOW BUDG€T

Als je langer in de buurt van Coniston Water wilt verblijven en bij dit meer vaker gaat wandelen, startend vanaf verschillende plekken, is het misschien lonend een *weekkaart voor de Coniston Launch-boten (verkrijgbaar bij de aanlegpier of op internet | www.conistonlaunch.co.uk)* aan te schaffen. Voor £26 kun je daarmee zeven dagen lang kris-kras over het meer varen. Een dagkaartje kost afhankelijk van de route tussen £11 en £12,50.

Goedkoop eten én de boeren helpen kan door je inkopen te doen op de *Farmers Markets.* Hier verkopen boeren hun waar direct aan de klant, vaak tegen onverwacht lage prijzen en goedkoper dan in een supermarkt. Markten vind je in bijna elke grotere plaats, bijvoorbeeld in Ulverston *(de 3e za van de maand, 9.30–14.30 uur | Market Street).*

RAVENGLASS

(128 C2) *(C7)* **Welkom in de enige wat grotere kustplaats (1200 inw.) van het Nationaal Park, de overige liggen buiten het park.**
Hier komen drie rivieren, de Esk, de Mite en de Irt samen en beleef je het Lake District heel anders. Je ruikt er de zeelucht en de geur van wier, terwijl een paar zeilboten voor anker liggen en een enkele zeemeeuw krijsend overvliegt. Het leven van alledag in Ravenglass is zo speciaal dat je je haast niet durft te bewegen om maar niemand te storen.
In vroeger tijden werd op het station van Ravenglass ijzer overgeladen. Nu leeft de plaats nog steeds van het spoor, maar dan als toeristenattractie. Een kleine wandeling brengt je vanaf het station naar de ruïne van een oud-Romeins badhuis *(Walls Drive)*, waarvan echter niet veel meer over is.

ETEN & DRINKEN

THE INN AT RAVENGLASS
In deze pub moet je zeker een plaats aan het raam zoeken. Het uitzicht over de riviermonding brengt je vast en zeker direct in een bijzonder prettige stemming. Dat moet je er niet van weerhouden om ook een keuze te maken uit de heerlijke maaltijden die hier worden toebereid en die gaan van sint-jakobsschelpen tot lam (€€). Je kunt hier eventueel ook prima overnachten. *Main Street | tel. 01229 71 72 30 | theinnatravenglass.co.uk |* €€

Langs bergen, door het boerenland met de Ravenglass and Eskdale Railway

SPORT & RECREATIE

Door een landschap als een plaatje rijdt de oude stoomtrein ★ ● *Ravenglass and Eskdale Railway (april–okt. dag. tot max. 13 ritten, feb./maart en dec. alleen in het weekend, in schoolvakantie dag. | retour £13,90 | www.ravenglass-raiway.co.uk)* over een traject van 11,3 km, over het spoor van een voormalige bedrijfstrein, naar het oosten richting Dalegarth for Boot. Je ziet vanuit de trein de bergtoppen van het Lake District, veel idyllisch boerenland, maar vooral veel schapen. Ter plekke noemt men het treintje op zijn Oud-Cumbrisch *La'al Ratty,* klein spoor, of kortweg 'Ratty'. Als je ook nog Muncaster Castle wilt bezichtigen, kun je het best een combikaartje kopen voor £24!

Vanuit Dalegarth kun je wandeltochten maken van iedere gewenste moeilijkheidsgraad. De meest veeleisende is de tocht naar de 393 m hoge Hardknott Pass. Na 1,5 km op de weg naar het oosten vind je het INSIDER TIP *Hardknott Café (Hardknott Pass | Eskdale | tel. 019467 23230 | www.woolpack.co.uk | €€)* dat goed pubeten serveert, veel soorten bier heeft en uitstekende koffie. In de *Woolpack Inn (€)* ernaast hebben ze eenvoudige maar moderne kamers.

Een bijna 6 km lange rondwandeling brengt je van het station Dalegarth door het Eskdale naar *Doctor's Bridge* en in een boog weer via Stanley Force naar Dalegarth terug.

VERBLIJF

PENNINGTON HOTEL

Een hotel zonder veel franje, met lichte, moderne kamers, sommige zelfs met uitzicht op de monding van de rivier. Ook serveren ze prima Engelse pubmaaltijden. *19 kamers | Main Street | www.pennkamersingtonhotel.co.uk | €€*

TOERISTISCHE INFORMATIE

Tourist Information | Train Station | tel. 01229 717278

IN DE OMGEVING

BLACK COMBE (128 C4) (*🕮 C8*)

Deze berg kun je zelfs op je pantoffels beklimmen, tenminste, dat zeggen ze hier. De 600 m hoge kolos ligt aan de zuidwestkust van Cumbria. En je kunt hem inderdaad makkelijk beklimmen, in twee tot drie uur ben je heen- en terug zonder bijzondere uitrusting. Het best kun je je tocht beginnen vanuit het kustplaatsje *Silecroft,* waar je ook met de trein kunt komen. Er is daar verder niet veel te beleven, op een kleine, uiterst eenvoudige pub na, de *Miners Arms (Main Street | tel. 01229 772325 | www.minersarmssilecroft.com | €€),* Deze pub heeft wel een uitgebreide kaart van Engelse gerechten, waarvan er veel vegetarisch zijn.

HARDKNOTT PASS ★

(129 D2) (*🕮 D6*)

Om over de Hardknott Pass te rijden, moet je wel enige ervaring hebben met rijden in de bergen, want de nogal smalle weg, die meestal ook maar één richting toelaat, heeft soms een stijging van wel 30 procent. Het is wel de inspanning waard, want boven wacht je een van de mooiste uitzichten van het hele Lake District! Dan zie je dat de weg zich omhoog slingert tot een hoogte van 393 m. Dat de Romeinen de weg al in de 2de eeuw hebben aangelegd, kun je halfweg, op 200 m hoogte, afleiden uit de muurresten van een oud fort *(Hardknott Roman Fort | altijd toegankelijk | gratis toegang | Hardknott Pass | Eskdale | wwenglish-heritage.org.uk).* In de richting van Ambleside volgt direct erna de bijna even mooie Wrynose Pass, die Duddon Valley met Little Langdale verbindt.

MUNCASTER CASTLE ★

(128 C2) (*🕮 C7*)

Het ziet er een beetje uit als een spookkasteel, Muncaster Castle, dat op een verhoging iets buiten Ravenglass te vinden is, omgeven door meer dan 30 ha

Oog in oog met een slechtvalk, tijdens een show op Muncaster Castle

tuinen en bos. Hoewel het slot ook wel met het spookachtige imago speelt, hoef je niet echt bang te zijn. Het landgoed is al meer dan 800 jaar bezit van de familie Pennington, die de kamers op adellijke wijze heeft gevuld met soms zeldzame meubels, levensgrote kunstwerken en uitgebreide lambrisering. Het slot is te bezichtigen (alleen 's zomers), maar je kunt altijd in de tuin wandelen en meerdere keren per dag een roofvogelshow meemaken in het uilen- en valkenverblijf. In de week voor Halloween, in november, en rond kerst zijn er ook avondvoorstellingen, waarbij dan wel iets te griezelen valt. Als je een nog betere indruk van Muncaster Castle wilt krijgen, kun je ook in het vroegere koetshuis INSIDERTIP op het terrein overnachten, want dat is omgebouwd tot een behagelijke *B&B (10 kamers | €€). Muncaster | Ravenglass | dag. 11–16 ('s zomers tot 17), kasteel alleen april–okt. zo–vr 12–16 uur | toegang £14 | www.muncaster.co.uk*

WASDALE

(128–129 C–D 1–2) (*🗺 C–D 5–6*)

Het *Wast Water,* met 79 m het diepste meer van Engeland, neemt het grootste deel van Wasdale in beslag. Dit dal is bijzonder mooi, vanwege de met gras begroeide rotsen, de heidevelden en de vele beekjes. Ook zie je er schapen grazen bij eeuwenoude stenen muren. De *Scafell Pike, Great Gable, Kirk Fell* en de *Red Pike* omgeven dit dal en behoren tot de hoogste bergen van Engeland.

De National Trust verhuurt hier romantische *onderkomens (www.nationaltrust.org.uk | €€)* aan de noordrand van een camping, waar je ook INSIDERTIP houten hutten kunt huren om te overnachten. De *Wasdale Head Inn (Wasdale Head | Gosforth | tel. 019467 26229 | www.wasdale.com | €),* een eenvoudige pub in het noordoosten van het dal, heeft sobere maar goed bereide pubgerechten op het menu.

ULVERSTON

(129 E4–5) (*🗺 D–E 8–9*) **De inwoners van Ulverston (12.000 inw.) zijn niet bijzonder dik of dun, maar ze verdienen wel aan deze combinatie, want Stan Laurel, de dunne helft van het duo 'de Dikke en de Dunne', ook bekend als 'Laurel en Hardy', groeide hier op.**

Een standbeeld voor het theater *Coronation Hall* herinnert aan dit duo, maar er is ook een heel museum aan hen gewijd. Voor Cumbrische begrippen is Ulverston haast een metropool. Laat je niet afschrikken door het verkeer op de doorgangsweg, zelfs niet als het er filerijden is tijdens het spitsuur, want het centrum is een doolhof van veel smalle straatjes en het heeft een kleine, aardige voetgangerszone met veel winkels.

SIGHTSEEING

HOAD MONUMENT ★

Hoewel het, hoog boven de stad op een heuvel gelegen, oogt als een vuurtoren, is het een monument en wel voor Sir John Barrow, een Engelse politicus, admiraal en medeoprichter van de Royal Geographic Society. Hij werd in Ulverston geboren en te zijner ere richtten de inwoners in 1850 de 30 m hoge toren op, die daarom officieel het Sir John Barrow Monument wordt genoemd. Via 112 smalle treden kun je naar boven, vanwaar je een prachtig uitzicht over de stad en het water hebt. Het bouwwerk is nooit een vuurtoren geweest met de daarvoor geschikte verlichting, maar het wordt tijdens bijzondere gelegenheden INSIDERTIP 's avonds van buitenaf kleurrijk verlicht, zoals tijdens Halloween, kerst en op 16 juni, de geboortedag van Stan Laurel en het is dan zeker een foto waard. *April–okt. zo 13–17 uur (openstelling aangegeven met een vlag op de toren) | gratis toegang | Hoad Hill | te voet bereikbaar vanaf Chittery Lane | http:/short.travel/lkd8*

LAUREL & HARDY MUSEUM

Stan Laurel en Oliver Hardy hadden niet veel met Engeland van doen, omdat ze pas in de VS een duo vormden en daar al hun films draaiden. Toch herdenkt Ulverston vooral ook Stan, omdat hij hier werd geboren en zijn jeugd doorbracht. In de vroegere bioscoop Roxy is door toegewijde verzamelaars een geheel aan het duo gewijd museum liefdevol ingericht. Hun films worden continu vertoond en in vitrines wordt hun carrière uitgebreid belicht. *Nov.–maart, di en do–zo, verder dag. 10–17 uur | toegang £5 | The Roxy | Brogden Street | www.laurel-and-hardy.co.uk*

ETEN & DRINKEN

THE FARMERS

In deze schilderachtige pub aan het marktplein moet je zijn voor een goede burger, mosselen of een krabsalade. Elke donderdag wordt er een INSIDER TIP pubquiz gehouden, waarbij iedereen mag meedoen. Dat is dan direct een goede gelegenheid om met de locals in gesprek te komen. *2 Market Place | tel. 01229 58 44 69 | www.the-farmers-ulverston.co.uk* | €€

GILLAM'S

In dit oude café heerst een sfeer van vroeger bij oma. Er worden kleine gerechtjes en zoetigheden geserveerd, naast een ruime keus aan theesoorten en zelf geroosterde koffie. Ook hebben ze een speciale kaart voor veganisten. *64 Market Street | tel. 01229 58 75 64 | www.gillams-tearoom.co.uk* | €

SPORT & RECREATIE

Fietsverhuur bij *Bike Station (£20 per dag | Ulverston Station | tel. 01229 58 78 29 | www.ulverstonbikecafe.co.uk)*, een fietsenwinkel annex café.

VERBLIJF

VIRGINIA HOUSE

Een klein, aantrekkelijk hotel in het centrum dat ook nog een uitstekende ginbar heeft en een zeer goed restaurant met een moderne, Europese kaart van vis- en vleesgerechten (€€€). *8 kamers | 24 Queen Street | tel. 01229 58 48 44 | www.virginiahouseulverston.co.uk* | €€

TOERISTISCHE INFORMATIE

Tourist Information | Coronation Hall | County Square | tel. 01229 58 71 20 | www.ulverstoncouncil.org.uk

IN DE OMGEVING

BARROW-IN-FURNESS

(129 D5–6) (*🗺 C–D9*)

De pronkerige, victoriaanse gebouwen in het centrum doen vermoeden dat de oude havenstad Barrow-in-Furness (72.000 inw.) een rijk verleden heeft. Die tijd is echter voorbij, hoewel de gebouwen nog steeds fraai zijn en de voetgangerszone met veel inzet is opgeknapt. Eertijds gold Barrow als de belangrijkste staalstad van de wereld. Ook nu nog is de stad een belangrijk centrum van scheepsbouw; zo bevindt zich hier de enige onderzeebootwerf van Engeland. In het ● *Dock Museum (wo–zo 11–16 uur | gratis toegang | North Road | www.dockmuseum.org.uk)* kom je alles te we-

Alleen de zandstenen muren zijn overgebleven van de abdij in Barrow-in-Furness

ten over de ontwikkeling van de zeevaart van Barrows. De stad is daarnaast ook bekend om de ruïne van een oud cisterciënzerklooster, de uit rood zandsteen opgetrokken *Furness Abbey (april–sept. dag. 10–18 uur | toegang £5,40 | Manor Road | www.english-heritage.org.uk).* Dit is een klooster uit de 12de eeuw dat al eeuwen in verval is en in de zachte bodem weg dreigt te zakken. De bewaard gebleven reusachtige buitenmuren getuigen van een lange, indrukwekkende geschiedenis en als je tussen die muren door loopt, besef je nauwelijks dat de rest van het gebouw weg is. Dit geldt ook voor *Piel Castle (altijd toegankelijk | gratis toegang | Piel Island | www.english-heritage.org.uk)*, de ruïne van een burcht, die haast soeverein op een eilandje voor Barrow is gelegen en alleen in de zomermaanden met een veerboot bereikbaar is.

INSIDER TIP *The Furness Railway (50 kamers | 76–80 Abbey Road | tel. 01229 82 47 58 |www.wetherspoon.com | €€)* is niet alleen een aangename pub in het centrum, met een ruime keus aan gerechten uit de Engelse keuken, maar ook een hotel. Boven de pub ligt een aantal modern ingerichte kamers.

SWINSIDE STONE CIRCLE

(129 D3) *(C7–8)*

Deze goed bewaard gebleven steencirkel met in totaal 55 stenen staat bij een boerderij westelijk van Broughton-in-Furness. Sinds de bronstijd zijn maar vijf stenen verloren gegaan, de rest is bewaard gebleven. Dat Swinside niet zo makkelijk bereikbaar is, kan ertoe hebben bijgedragen dat deze plek niet erg bekend is. De steencirkel staat op eigen grond van de boer en kan daarom alleen vanaf de weg worden bekeken. Je kunt er niet helemaal met de auto komen, maar de beloning voor de inspanning van de korte wandeling ernaartoe staat vast. *Altijd bereikbaar | gratis toegang | Swinside Farm, bij Broadgate de A595 verlaten en het laatste stuk (2 km) lopen*

DERWENT WATER & HET NOORDWESTEN

In het noordwesten van het Lake District trekken de bezoekers vooral de dalen in of beklimmen de bergen. Vaak hebben die bergen in de lente nog een kleine witte top.

Buttermere bijvoorbeeld, zowel het meer als het dorp, ligt verscholen in een indrukwekkend berglandschap. Aan de oever van het kalme water grazen ontelbare schapen, die wel opkijken als je langsloopt, maar zich verder niets van je aantrekken.

Keswick, de meest populaire plaats van het Nationaal Park, is een stad die altijd in bedrijf is. Busladingen bezoekers veranderen tijdens het hoogseizoen de binnenstad in een mierenhoop. Je kunt er wel goed inkopen doen, vanwege de vele kleine winkeltjes in het centrum. Cockermouth, niet ver ervandaan naar het westen, is daarentegen veel minder populair, ook al is het de geboorteplaats van de dichter William Wordsworth, kan het veel georgiaanse architectuur laten zien en zijn er bovendien veel kroegjes en bijzondere winkels te vinden.

Een groter contrast dan tussen het berglandschap van het Lake District en de kust van Cumbria is nauwelijks denkbaar. De meeste Engelsen laten deze kust daarom links liggen, omdat ze nu eenmaal komen om te wandelen of te varen. Toch hebben havenplaatsen als Whitehaven en Maryport zich op een manier ontwikkeld die maakt dat ze kunnen opwegen tegen de mooie bergpanorama's en de aanblik van grazende schapen. Eeuwen geleden al kwamen hier allerlei goede-

 Foto: Derwent Water

Inkopen doen in Keswick of van het uitzicht over zee genieten in Whitehaven? Het noordwesten is meer dan alleen bergen en meren

ren aan, van heinde en ver, waaronder vooral specerijen en rum. Nu nog zie je dat veel gebouwen aan de kust dit verleden uitstralen.

BUTTERMERE

(125 D6) (*🗺 C5*) **Zelfs voor het met mooie vergezichten verwende Lake District is het landschap hier adembenemend. Buttermere wordt omringd door de mooiste bergen van de regio.**

Het loont de moeite om over de smalle en soms steile verbindingsweg vanaf Keswick naar Buttermere te gaan vanwege het buitengewone panorama dat je dan zult aantreffen.

Als je daar eenmaal bent aangekomen, vind je een klein dorp met een paar boerderijen, wat oude huizen, twee restaurants en een kerk. Pas als je hier en daar wat ijs-etende kinderen op een van de terrasjes ziet met ouders die ontspannen een *pint* drinken, merk je dat je hier uitstekend vakantie kunt vieren!

SIGHTSEEING

HET MEER VAN BUTTERMERE-

Je komt alleen maar vriendelijk ogende ● Herdwickschapen tegen als je over

Spiegeling in het onberoerde meer van Buttermere

het omstreeks 1 km lange wandelpad op weg gaat naar het dubbel zo lange meer van Buttermere. Je vindt daar geen enkele bebouwing en er zijn nauwelijks voorzieningen voor toeristen. Een makkelijk begaanbaar pad leidt je in omstreeks twee uur om het meer heen. *Altijd toegankelijk | gratis toegang | http://short.travel/lkd9*

ST. JAMES' CHURCH

Deze kapel op een heuvel in het dorp is de mooiste van het Nationaal Park, dat vond de dichter William Wordsworth al. Je vindt er naast een stenen plaquette gewijd aan de in het hele Lake District vereerde wandelboekenauteur Alfred Wainwright ook het oostelijke venster met Bijbelse motieven, het orgel uit de 19de eeuw en de metalen toegangspoort, die op een tuinpoort lijkt. *Altijd toegankelijk | gratis toegang*

ETEN & DRINKEN

THE FISH INN

Ondanks de naam wordt in dit oudste restaurant van het Lake District geen vis geserveerd, maar wel sappige steaks en verschillende vegetarische gerechten. Daarnaast kun je, niet onbelangrijk, uit een rijk assortiment real ales kiezen. *Tel. 017687 70253 | www.fishinnbuttermere.co.uk* | €€

SYKE FARM TEA ROOM

Cake, sandwiches en een uitstekend Engels ontbijt worden geserveerd in dit café bij een boerderij en ze verkopen er INSIDER TIP heerlijk ijs. Buiten op hun terras waan je je midden in het boerenland. *Syke Farm | B5289 | tel. 017687 70277* | €

SPORT & RECREATIE

Buttermere is echt een gebied om te wandelen. De populairste route is een kleine 13 km lang. Deze loopt vanuit het dorp over de bergen *Red Pike, High Stile* en *High Crag* tot aan *Haystacks* en weer terug. Een tocht die wel een dag duurt, maar niet al te zwaar is. Als je toch een wat simpelere en kortere tocht wilt, kun je via het pad achter de kerk de berg *Robinson* op, een tocht van 4 km, waar het alleen weleens nat en modderig kan zijn. Tijdens beide tochten heb je een schitterend uitzicht over het dal!

VERBLIJF

BRIDGE HOTEL

Een reeds lang bestaand hotel, midden in Buttermere, met kamers die zijn opgeknapt en heringericht in een stijl die het midden houdt tussen oud-Engels en hypermodern. De ligging brengt wel met zich mee dat het er pas 's avonds echt rustig is. *21 kamers | B5289 | tel. 017687 7 02 52 | www.bridge-hotel.com* | €€

DALEGARTH GUEST HOUSE

Ondanks het gebrek aan luxe kun je je hier wel goed ontspannen, want deze B&B ligt geïsoleerd aan het meer en is dus geschikt voor wandelaars en voor wie zich met een goed boek aan de oever van het meer willen terugtrekken. Je kunt er ook kamperen. *9 kamers | Hassness Estate | tel. 017687 7 02 33* | €

IN DE OMGEVING

HONISTER PASS ★

(125 D6) (*D5*)

Bij de oostelijke punt van het meer van Buttermere begint de Honister Pass met een weg vol prachtige vergezichten, die oostwaarts uitkomt in Borrowdale. De pas zelf is 356 m hoog, maar verschillende wandelpaden komen nog hoger. Op de pas wordt al van oudsher leisteen gewonnen in de *Honister Slate Mine (rondleidingen dag. 10.30, 12.30, 15.30 uur | toegang £13,50 | www.honister.com)*. Deze mijn kun je meerdere keren per dag bezichtigen tijdens een rondleiding. Als je nog dichter bij het leisteen wilt komen, kun je goed gezekerd de klimbaan *Via Ferrata* op, die bestaat uit in de berg bevestigde haken

MARCO POLO HIGHLIGHTS

★ Honister Pass
Aan de rand van de weg over deze bijzondere pas wordt nog steeds leisteen gewonnen → blz. 63

★ Derwent Water
Wandelen, roeien, ontspannen, wat wil je nog meer hier op het water? → blz. 68

★ Lakes Distillery
In een onlangs gerestaureerd complex, gelegen aan het Bassenthwaite Lake, is deze destilleerderij gevestigd. Hier wordt, naast gin en wodka, zelfs een single malt whisky geproduceerd → blz. 69

★ Castlerigg Stone Circle
De stenen van deze steencirkel kunnen haast niet op tegen het fantastische panorama hier → blz. 71

★ Ennerdale Water
Een van de minst bekende meren van het Lake District: ongerept, woest en fantastisch om er te wandelen of te fietsen → blz. 72

★ Senhouse Roman Museum
Op de plek waar bijna 2000 jaar geleden de Romeinen de kust bewaakten, zijn nu in dit museum in Maryport bijzondere overblijfselen uit die tijd tentoongesteld → blz. 73

en touwen, waarlangs je omhoog kunt klimmen. Probeer anders de touwbrug, meer touw dan brug overigens, waarmee je op 600 m hoogte een kloof kunt overbruggen.
Direct naast de leisteenmijn staat een INSIDERTIP *jeugdherberg (open maart–okt. | 3 slaapzalen | Honister Pass | Seatoller | tel. 0345 3719522 (*) | www.yha.org.uk/hostel/honister-hause | €)*, die tot de bijzonderste van Engeland behoort en dat niet zozeer vanwege de karige uitrusting, maar meer vanwege een van de mooiste uitzichten van het Lake District. Vanaf de ingang kijk je uit over het Borrowdale in de verte, overal grazen schapen en het enige geluid dat je hoort komt van de weg of misschien hoor je een paar toeristen, dus als je daar geen rust kunt vinden ...

LOW BUDG€T

Overnachten in het Lake District is vaak niet echt goedkoop. Ondertussen hebben ketens als *Travelodge (www.travelodge.co.uk)* en *Premier Inn (www.premierinn.com)* net buiten het gebied wel hotels geopend in plaatsen als Cockermouth, Penrith en Kendal. Deze hotels zijn misschien wat minder comfortabel dan de rest, maar ze zijn wel een stuk goedkoper.

In Keswick worden in het *Theatre by the Lake (tel. 017687 74411 | www.theatrebythelake.com)* bijna iedere dag voorstellingen gegeven. Ook kunnen bezoekers onder de 26 voor de vrijdagavondvoorstellingen kaartjes kopen voor maar £5. Deze moet je dan wel minstens 24 uur van tevoren telefonisch bestellen en in het hoogseizoen is het verstandig het nog vroeger te regelen.

LOWESWATER (124 C5–6) *(Ⅲ C4–5)*
Vanuit dit dorpje kun je twee meren tegelijk leren kennen, Crummock Water en Loweswater, en bovendien is de top van de berg *Mellbreak* vanaf elke plek zichtbaar. Hoofddoel hier is echter de *Kirkstile Inn (tel. 01900 85219 | www.kirkstile.com | €)*, iets vanaf de hoofdweg gelegen. Hier vind je niet alleen veel soorten bier, maar ook een goede pubmaaltijd, bereid met producten uit de streek.
Zelfs ongeoefende wandelaars kunnen makkelijk om het Loweswater heen lopen. Het is het enige meer in het Lake District dat niet direct via een rivier in zee uitmondt, maar in het nabijgelegen Crummock Water. Aan de zuidelijke punt van het Loweswater verhuurt de National Trust per week een mooie cottage, de INSIDERTIP *Watergate Farm (3 kamers | Loweswater | tel. 0344 8002070 (*) | www.nationaltrustholidays.org.uk | €€)*. Aan de zuidwestelijke punt van het grotere Crummock Water is een wandeling naar *Scale Force*, de grootste waterval van het Lake District, de inspanning waard.

COCKERMOUTH

(124 C4–5) *(Ⅲ C4)* **Waar de Cocker in de Derwent stroomt, heeft zich in eeuwen het kleine stadje Cockermouth (8000 inw.) ontwikkeld, dat ten onrechte niet erg bekend is geworden.**
Het stadje doet in weinig onder voor het kleinere maar veel populairdere Keswick. Kleine, bont geschilderde huizen in ge-

Cockermouth heeft ook zijn bier, van de Jennings Brewery

orgian stijl vullen het centrum, dat er daardoor uitziet als een stadje van een modelspoorbaan. Alhoewel er een grote supermarkt is, vind je hier vooral zelfstandige winkels. Op de kleine *Market Place* wordt eenmaal in de maand een grote *markt (1e za van de maand, 9–14 uur)* georganiseerd. De gedeeltelijk verwoeste burcht *Cockermouth Castle* ligt weliswaar goed zichtbaar boven op een heuvel, maar is privébezit en kan slechts bij bijzondere gelegenheden worden bezichtigd, zoals tijdens het *Cockermouth Festival* of de *Heritage Open Days van* begin september.

SIGHTSEEING

JENNINGS CASTLE BREWERY

Al 190 jaar maakt deze brouwerij voornamelijk de biersoorten 'bitter' en 'ale'. Hoewel pilsdrinkers hierop neerkijken, beleven ondernemingen als deze in de tijd van de craftbeerhype weer een opleving. Tijdens een rondleiding krijg je uitleg over de manier van produceren met behulp van het zuivere water hier en kun je enkele soorten proeven. *Rondleidingen (vooraf bespreken!) maart–okt. wo–za, nov./dec., feb. do–za 13.30 uur, winkel zo–za 10–16 uur | kosten rondleiding £9 | Brewery Lane | tel. 01900 82 03 62 | www.jenningsbrewery.co.uk*

WORDSWORTH HOUSE AND GARDEN

In dit statige huis in georgian stijl waan je je in 1770, het jaar waarin de dichter William Wordsworth hier werd geboren. Het gezin woonde met drie kinderen en personeel in dit huis, dat door zijn inrichting die tijd doet herleven. Je kunt de gemeubileerde kamers op je gemak bekijken, je kunt voelen hoe het is om met een ganzenveren pen te schrijven, net als Wordsworth, en ten slotte kun je wandelen in de niet al te grote, overzichtelijke tuin. In het INSIDER TIP kleine café op de bovenverdieping kun je heerlijke *cream tea* drinken, terwijl je uitkijkt over de hoofdstraat van Cockermouth. *April–okt. za–do ('s zomers ook vr) 11–17 uur | toegang £8,40 | 100 Main Street | www.nationaltrust.org.uk*

ETEN & DRINKEN

HONEST LAWYER

In dit vroegere gerechtsgebouw worden echt Engelse gerechten geserveerd van hoge kwaliteit, van vis tot steak. Er zijn een paar buitengewone terrasplanten op een smal balkon aan de rivier. *2 Main Street | tel. 01900 824888 | www.honestlawyerrestaurant.co.uk |* €€€

In Keswick aan het Derwent Water vind je winkeltjes en cafés

THE SPICE CLUB

Dit Indiaase restaurant aan de hoofdstraat is duidelijk authentieker dan de meeste andere soortgelijke restaurants in Engeland. Ze serveren heerlijke curry's en niet in de laatste plaats lekker naanbrood! *25 Main Street | tel. 01900 828288 | www.thespiceclubcockermouth.co.uk |* €€

WINKELEN

In de supermarkt *Sainsbury's* halen de meeste inwoners hun dagelijkse boodschappen. Van daaruit ben je echter snel in *Main Street,* waar je talrijke winkeltjes kunt vinden. Daar worden vooral andersoortige goederen verkocht, zoals modeartikelen. In de *Castlegate House Gallery (Castlegate | www.castlegatehouse.co.uk)* vind je allerlei kunst uit de omgeving. *JB Banks (13–14 Market Place | www.jbbanks.co.uk)* is een ijzerwarenwinkel die in de kelder een klein museum met de geschiedenis van hun artikelen herbergt. *(ma–za 9–16 uur | gratis toegang)*

SPORT & RECREATIE

Cyclewise (fiets vanaf £26 per dag | Unit 2, Fairfield Buildings | South Street | tel. 01900 821998 | www.cyclewise.co.uk) verhuurt verschillende soorten fietsen, waarmee je bijvoorbeeld heel goed Buttermere (16 km) of de kust bij Whitehaven (25 km) kunt bezoeken. Houd alleen wel rekening met flinke stijgingen op beide routes.

VERBLIJF

ALLERDALE COURT HOTEL

Op Market Place kun je in dit oude en smaakvol gerestaureerde hotel overnachten. Als je hier geen gast bent, kun je toch in de chique bar van een INSIDER TIP heerlijke *afternoon tea* genieten. *25 kamers | 18–20 Market Place | tel. 01900 823654 | www.allerdalecourthotel.co.uk* | €€

CROFT GUEST HOUSE

Een kleine B&B in het centrum, met liefdevol gerestaureerde kamers, waar vaak families verblijven. Daar krijg je misschien verdere tips over een bezoek aan de omgeving. Eenvoudig en knus. *7 kamers | 6–8 Challoner Street | tel. 01900 827533 | www.croft-guesthouse.com* | €

TOERISTISCHE INFORMATIE

Tourist Information Centre | Library | 88 Main Street | tel. 01900 822634 | www.cockermouth.org

IN DE OMGEVING

ISEL HALL (124 C4) (*C3*)

Dit gebouwencomplex, dat uittorent boven de rivier de Derwent en 8 km ten noordoosten van Cockermouth ligt, is nu een royaal woonhuis. Je kunt het eenmaal per week bezichtigen en dat is vooral aan te bevelen vanwege het schitterende uitzicht over de omgeving. Gedeeltes van het complex, zoals de rozekleurige *Pele Tower,* stammen uit de 14de eeuw, de rest voornamelijk uit de 15de en 16de eeuw. Binnen zijn vooral oud houtwerk, meubels en schilderijen te zien. *April–sept. ma 13.30–16.30 uur, bezichtiging alleen tijdens een rondleiding | toegang £6 | Isel | Bassenthwaite | http://short.travel/lkd12*

KESWICK

KAART IN HET ACHTEROMSLAG (125 D–E5) (*D4*) Het grote aantal outdoor-winkels in de binnenstad doet al vermoeden hoe belangrijk wandelen in deze streek is.

Keswick (5000 inw.) is zonder twijfel het economische hart van het noordelijke Lake District. In de binnenstad vind je heel veel winkels en niet alleen maar filialen van grote winkelketens. Daardoor zul je zeker vroeger of later in deze plaats terechtkomen, al was het maar om wat afwisseling te zoeken van het voortdurend buiten zijn, op het land. Een bezoek aan Keswick wordt door velen niet uitgesteld tot het regent, zodat het plaatsje ook bij zonneschijn meer dan vol zit en op de terrasjes van cafés en restaurants nauwelijk nog een plekje te vinden is. Hoewel je je daardoor misschien in zuidelijker streken waant, is de architectuur van Keswick streng victoriaans.

SIGHTSEEING

DERWENT PENCIL MUSEUM

(flap E1) (*e1*)

Een museum alleen gewijd aan potloden is misschien minder apart dan het lijkt, want Keswick was vroeger een belangrijk centrum voor de winning van grafiet, het hoofdbestanddeel van dit schrijfgereedschap. Sterker nog: vlak in de buurt werd in de 16de eeuw die vorm van grafiet ontdekt die noodzakelijk was voor de potloodproductie. De ontwikkelingen gingen ook aan Keswick niet voorbij en de fabriek werd in 2007 gesloten. In het museum vind je overigens het grootste kleurpotlood ter wereld, met een lengte van 7,91 m ooit bedoeld als marketingstunt voor de fabriek. Nu is dit het meest populaire voorwerp van de tentoonstelling. *Dag. 9.30–17 uur | toegang £4,95 | Southey Works | www.pencilmuseum.co.uk*

DERWENT WATER ISLANDS (0) (*🗺 0*)
Drie kleine eilandjes in het Derwent Water zijn uitermate geschikt om, al is het maar voor een dag, de beslommeringen op het vasteland achter je te laten. Met een roeiboot van een van de verhuurders aan de wal kom je er en doe je tegelijk wat aan sport op het water. *St. Herbert's* en *Rampsholme Island* zijn nu onbewoond en zeer geschikt om wat te lezen, na te denken of te picknicken. *Derwent Island* is wel bewoond en derhalve slechts enige dagen in het jaar te bezoeken (*data voor bezoek op de site www.nationaltrust.org.uk/borrowdale-and-derwentwater*).

PUZZLING PLACE (flap E2) (*🗺 e2*)
Een wereld vol illusies tref je aan in deze combinatie van winkel en museum. Er wordt gespeeld met gezichtsbedrog, hologrammen zetten je op het verkeerde been en in de *Anti-Gravity Room* lijkt het net alsof je helemaal scheef loopt. Ten slotte zijn er, zoals de naam al zegt, puzzels in ontelbare soorten en maten! *'s Winters di–zo (jan. alleen za en zo), anders dag. 11–17 uur | toegang £3,75 | 9 Museum Square | www.puzzlingplace.co.uk*

ETEN & DRINKEN

JAVA COFFEE SHOP (flap E2) (*🗺 e2*)
Dit kleine, weinig opvallende café in de voetgangerszone is een uitstekende locatie om mensen te observeren en om een heerlijke espresso, divers gebak of kleine snacks te nuttigen. Je kunt ook buiten zitten trouwens, met goed zicht op het dagelijkse gedoe. *23 Main Street | tel. 017687 7 25 68 |* €

MORRELS (flap E2) (*🗺 e2*)
Op ieder bord een kunstwerk, want vis, vlees en een uitgebreid dessert komen in dit restaurant perfect toebereid en uitgebreid gegarneerd ter tafel. *34 Lake Road | tel. 017687 7 26 66 | www.morrels.co.uk |* €€€

WINKELEN

In de binnenstad liggen de meeste winkels aan Main Street. Daar koop je niet alleen producten uit de regio, maar bijvoorbeeld ook geurige zeepsoorten in de INSIDER TIP *Soap Company* (flap E2) (*🗺 e2*) (*Main Street | www.thesoapco-keswick.org*) of haal je levensmiddelen en marmelades bij *Love the Lakes (6–8 St. John's Street | www.lovethelakes.net)*.

SPORT & RECREATIE

Het meer het ★ *Derwent Water* grenst direct aan de binnenstad van Keswick en is het best bereikbare meer van het Lake District. Een fraaie wandelweg van 13 km loopt om het meer heen en vanaf Keswick varen *rondvaartboten* (flap E3) (*🗺 e3*) *(KeswickLaunch|maart–okt. dag. 10–16 (juli en aug. ook 17), nov.–feb. za en zo 11.30 en 14.30 uur | rondvaart van 50 min. £10,50 | tel. 017687 7 22 63 | www.keswick-launch.co.uk)*. In de *Marina* (flap E3) (*🗺 e3*) *(boten vanaf £9 per uur | Portinscale | tel. 017687 7 29 12 | www.derwentwatermarina.co.uk)* kun je alle mogelijke soorten boten huren, van een stand-up-paddleboard tot een roeiboot of motorboot. Op de westoever van het meer is het bij het *Newland Activity Centre* (0) (*🗺 0*) *(Stair | Keswick | tel. 017687 7 84 63 |www.activity-centre.com)* mogelijk allerlei activiteiten te ondernemen, zoals klimmen, kajakken en boogschieten.

Het is prettig slenteren door de Main Street van Keswick

VERBLIJF

KESWICK COUNTRY HOUSE HOTEL

(flap F1) *(🕮 f1)*
Als gast kun je je gemakkelijk de bezitter wanen van dit hotel in een landhuis, aan de rand van Keswick gelegen en onlangs geheel gerestaureerd. *72 kamers | Station Road | tel. 08448 115585 | www.thekeswickhotel.co.uk |* €€€

SEVEN OAKS GUEST HOUSE

(flap F2) *(🕮 f2)*
Je wordt hier ontvangen als familie, in dit kleine pension met mooie kamers, heerlijk ontbijt en aardige mensen. *5 kamers | toeslag bij verblijf van één nacht | 7 Acorn Street | tel. 017687 72088 | www.sevenoaks-keswick.co.uk |* €

TOERISTISCHE INFORMATIE

Tourist Information Centre (flap E1) *(🕮 e1) | 50 Main Street | tel. 017687 75738 | www.keswick.org*

IN DE OMGEVING

BASSENTHWAITE LAKE

(125 D4–5) *(🕮 D4)*
Het Bassenthwaite Lake, dat als enige meer in het Lake District het woord Lake in zijn naam heeft, is naast het noordelijkste ook het meest vredige van deze streek. Er liggen geen grotere dorpen omheen zoals bij de meeste andere meren, maar slechts hier en daar een huis en je ziet wat boten van een zeilclub in het westelijke deel. In het zuidoosten kun je dan nog het landgoed *Mirehouse (april–okt. tuin dag. 10–15, huis wo, za en zo 13.30–16 uur | toegang £7,80, tuin alleen £4 | A591 | www.mirehouse.co.uk)* bezoeken, met een volledige inrichting van zeldzame meubels en in de tuin enige eeuwenoude bomen.

Ten noorden van het Bassenthwaite Lake heeft een Schotse ondernemer een paar jaar geleden de ★ ● *Lakes Distillery (dag. 10–17 uur | rondleiding £12,50 | tel. 017687 88850 |*

Uit Schotland afkomstig: de Bowder Stone in Borrowdale

www.lakesdistillery.com) geopend. Hier werden eerst alleen gin, wodka en blended whisky verkocht, maar sinds kort ook de eerste single malt van de streek. De destilleerderij kan tijdens een zeer afwisselende rondleiding worden bezocht, waarna er van de producten kan worden geproefd. Er bevindt zich tevens een gerenommeerd restaurant, de *Bistro at the Distillery (www.bistroatthedistillery.com | €€€)* met een moderne Engelse keuken, met veel verse vis.

BORROWDALE (125 D–E6) *(D5)*
Ten zuiden van Derwent Water ligt het Borrowdale, waarvan de weilanden 's zomers in de zon helgroen oplichten, in een fraai contrast met de naaldbomen en eiken op de verspreid liggende heuvels. Vroeger werd hier koper en grafiet gedolven, houtskool gebrand en ijzererts gesmolten, maar dat is verleden tijd. Tegenwoordig leeft het Borrowdale bijna uitsluitend van het toerisme.

Een goed uitgangspunt voor een wandeling is de parkeerplaats bij King's How tussen de kleine plaatsjes *Grange* en *Rosthwaite,* waarvan de huizen met daken van leisteen zijn bedekt. Vanaf daar kun je een korte wandeling naar de *Bowder Stone* maken, een 9 m hoge, reusachtige steen waarvan de oorsprong in Schotland ligt, maar die tijdens de ijstijd door een gletsjer hierheen is gevoerd. Het is zeker niet saai er heen te gaan, want je kunt met een trap die eraan vast is gebouwd bovenop klimmen. Vandaar heb je dan een fraai uitzicht. *King's How* en *Castle Crag* daar vlakbij bieden beide eveneens een fraai uitzicht over het dal. De bijna 350 jaar oude stenen brug in Grange is het waard om op de foto te worden gezet. Goed Engels eten en een overnachtingsmogelijkheid is te vinden in Stonethwaite in de *Langstrath Country Inn (8 kamers | 6 Chapel Howe | tel. 017687 77239 | www.thelangstrath.co.uk | €€).*

CASTLERIGG STONE CIRCLE ★
(125 E5) (D4)

Het mag dan wel een van de honderden steencirkels zijn op de Britse eilanden, toch heeft deze iets heel speciaals: de spectaculaire ligging. Hoewel de 40 stenen van Castlerigg in verhouding tot die van bijvoorbeeld Stonehenge in het zuiden van Engeland nogal klein zijn, liggen ze in een berglandschap dat verder zijns gelijke niet kent. Het is aan te bevelen om deze plek INSIDER TIP vlak na zonsopkomst of kort voor zonsondergang te bezoeken, want dan is het licht er het mooist en komen de kleuren het best uit op de foto én het is er dan niet zo druk. *Altijd toegankelijk | gratis toegang | Castle Lane | Underskiddaw | Keswick | www.english-heritage.org.uk*

ST. JOHN'S IN THE VALE
(125 E5–6) (D–E 4–5)

Vanuit dit fraaie dal kijk je uit op enkele van de mooiste bergen van het Lake District. De naam komt van een kerkje dat in zijn huidige vorm uit de 19de eeuw stamt. Bekijk het altaar dat door de beroemde Engelse architect Sir George Gilbert Scott is ontworpen, in eerste instantie voor een kerk in Keswick. De omgeving is uiterst fotogeniek, niet in het minst vanwege het mooie landschap.

THRELKELD QUARRY AND MINING MUSEUM
(125 E5) (E4)

Gedurende meer dan 100 jaar werd hier graniet gewonnen, tot de zware arbeid niet meer loonde. Wat er nu nog van deze activiteit rest, heeft iets spookachtigs, want een vereniging heeft op het terrein van de vroegere mijn langzaam wegroestende machines opgesteld, die een beeld geven van de werkzaamheden van weleer. Daarnaast geeft een kleine tentoonstelling een goed inzicht in de werkzaamheden die voor de granietwinning nodig waren en je kunt in een gereconstrueerde groeve op onderzoek uitgaan. Ook rijdt driemaal daags een mijnwerkerstreintje een korte route over het terrein. Kortom, dit museum lijkt nog het meest op een speelplaats met geschiedkundige achtergrond, voor volwassenen. Het mooie uitzicht op deze hoek van het Lake District krijg je er gratis bij. Vanuit Station Road, dicht bij het Keswick Museum en het station van Keswick, gaat INSIDER TIP een mooi wandelpad langs een vroegere spoorbaan naar Threlkeld. *Mei–okt. dag. 10–17 uur | toegang £3, rondleiding £5 | Threlkeld Quarry | www.threlkeldquarryandminingmuseum.co.uk*

WHITEHAVEN

(124 A–B6) (A–B5) **Grote, zeilende vrachtschepen komen hier al lang niet meer, maar toch heerst in deze havenstad nog veel bedrijvigheid. Whitehaven (24.000 inw.) heeft een kleine binnenstad met een groot aantal winkels en herinnert nog steeds in veel aan de vroegere zeevaart.**

De overige bewoners van het Lake District, uit het binnenland, zijn gevoelig voor deze sfeer en bevolken graag de restaurants en cafés die in de haven een plek hebben gevonden, nadat deze was opgeknapt.

Aan de havenmonding staat een sierlijke vuurtoren, die de toegang tot de eens belangrijkste haven van Cumbria en zelfs een tijdlang de grootste van Groot-Brittannië markeert en waar vanaf de 18de eeuw rum, tabak en specerijen werden aangevoerd en verhandeld. Nu zie je in de haven alleen nog jachten en kleine scheepjes. De *Candlestick Pit*, een stenen schoorsteen die aan de zuidwesthoek omhoogsteekt, is een herinnering aan de vroegere mijnbouw, waarmee al in de 19de eeuw werd gestopt.

SIGHTSEEING

BEACON MUSEUM

Dit grote museum aan de haven toont aan de hand van een uitgebreide collectie een goed overzicht over de ontwikkeling van deze streek, beginnend met de Romeinse overheersing en eindigend, via een beschrijving van de lange periode van handel en mijnbouw, met de tegenwoordige tijd. Omdat er veel meer te zien is dan te lezen is het museum ook voor kinderen interessant. Daar komt dan nog bij dat je vanaf boven een mooi uitzicht over de haven hebt. *Di–zo 10–16.30 uur | toegang £5,50 | West Strand | www.thebeacon-whitehaven.co.uk*

RUM STORY

Dit museum is ondergebracht in oude opslagloodsen uit de 18de eeuw en belicht op aanschouwelijke manier de geschiedenis van Whitehaven als de invoerhaven van rum uit het Caribisch gebied. De familie Jefferson gebruikte deze gebouwen voor de opslag van wijn en rum en bewaarde er gebruiksvoorwerpen. Door allerlei levensechte situaties uit die geschiedenis na te bootsen krijgen ook kinderen een goed idee over leven en werken van toen. *Ma–za 10–16.30 uur | toegang £5,95 | 27 Lowther Street | www.rumstory.co.uk*

ETEN & DRINKEN

THE WATERFRONT

Dit uitstekende kleine restaurant aan de haven heeft een Engels menu dat wordt bepaald door de seizoenen en waarvoor producten uit de streek worden gebruikt. *West Strand | tel. 01946 32 81 84 | www.waterfrontwhitehaven.co.uk |* €€€

ZEST HARBOURSIDE

Dit trendy, chique en direct aan de haven gelegen filiaal van een restaurant uit de stad, heeft niet alleen vlees op het menu, maar ook vegetarische gerechten. *Harbourside West Strand | tel. 01946 6 69 81 | www.zestwhitehaven.com |* €€

VERBLIJF

GEORGIAN HOUSE

Aangename kamers en een goed restaurant met Engelse gerechten op het menu biedt dit oudere, maar geheel gerestaureerde hotel in het centrum. *8 kamers | 9–11 Church Street | tel. 01946 69 66 11 | www.georgianhousewhitehaven.co.uk |* €€

MORESBY HALL

In dit hotel, gevestigd in een monumentaal pand iets buiten Whitehaven, kun je in een hemelbed slapen! *12 kamers | Moresby | tel. 01946 69 63 17 | www.moresbyhall.co.uk |* €€

TOERISTISCHE INFORMATIE

Tourist Information Centre | Market Hall | Market Place | tel. 01946 59 89 14 | www.visit-whitehaven.co.uk

IN DE OMGEVING

ENNERDALE WATER ★

(124 C6) (*C5*)

Het meest westelijke meer van het Lake District is tegelijk het meest onbekend en het meest onveranderd. Op slechts enkele plekken gaat een weg direct langs de oever en de wegen eromheen zijn primitiever dan ergens anders. Nadat in het Ennerdale in de 20ste eeuw massaal naaldbomen waren geplant, wordt het park nu door de beheerders van het Nationaal Park bewust met rust gelaten,

Het museum de Beacon ligt aan de haven van Whitehaven

waardoor je er nog ongerepte natuur tegenkomt, die elders in het Lake District al bijna is verdwenen.

Ennerdale Bridge, 2 km naar het westen, is een eenvoudig dorp (220 inw.) met twee pubs, ieder met een goede keuken. Je kunt er overnachten in de *Shepherds Arms (8 kamers | Kirkland Road | tel. 01946 861249 | www.shepherdsarms.com | €€* en in de iets eenvoudiger *Fox & Hounds Inn (3 kamers | Ennerdale Bridge | Cleator | tel. 01946 861373 |www.foxandhoundsinn.org | €€).*

MARYPORT (124 B4) *(B3)*

Het oude centrum van dit kuststadje (11.000 inw.) in het noorden van Cumbria heeft een opvallende plattegrond, in de vorm van een schaakbord. Dit patroon ontstond tijdens een periode van grote bloei. Weliswaar stichtten de Romeinen hier al een haven in de 1ste eeuw, maar het Mayport van nu kreeg pas in de 19de eeuw deze vorm. Rijke kooplieden uit het Lake District hadden een haven nodig voor de im- en export van hun waren en omdat Maryport makkelijk te bereiken was vanuit het binnenland vond men dit een uitstekende plek. Nu is het eerder een slaapstad, de meeste inwoners werken elders.

De mooie kust is gebleven, samen met de Romeinse erfenis in de vorm van stenen, bewerkte en onbewerkte, die nu te zien zijn in het ★ *Senhouse Roman Museum (april–okt. dag. 10–17, nov.–maart vr–zo 10.30–16 uur | toegang £4 | The Battery | Sea Brows | www.senhousemuseum.co.uk).* Van de expositiestukken is het grootste deel opgegraven op de plek van een vroeger Romeins fort, op een open veld vlak naast het museum. Van een toren bij de hoofdingang heb je een goed overzicht over dit terrein.

Het *Maryport Maritime Museum (april–okt. di, do–zo 10.30–17, nov.–maart vr–zo 10.30–16 uur | toegang £3 | 1 Senhouse Street | www.maryportmuseum.com)*

toont met schilderijen en allerlei voorwerpen een beeld van de ontwikkeling van de stad, van kleine Romeinse haven tot de rol als Cumbria's toegangspoort in de 19de eeuw. Aan Thomas Henry Ismay, de oprichter van White Star, de rederij van de *Titanic* en in Maryport geboren, is een apart gedeelte gewijd.

Vanaf INSIDER TIP *Harbourside Café (South Quay | tel. 01900 817760 | www.coastaquarium.co.uk | €)* in het *Coast Aquarium* heb je een mooi uitzicht over de haven en ook worden heerlijke taartjes en kleine gerechten geserveerd. Het *Ellenbank Hotel (26 kamers | Birkby | tel. 01900 815233 | www.ellenbank.co.uk | €€)* is door en door Engels. Hier, in een victoriaans gebouw iets buiten de stad, vind je eenvoudige, huiselijke kamers. *Toeristische informatie: Tourist Information Centre | Irish Street | tel. 01900 811450*

ST. BEES (128 A1) *(A–B5)*

De vuurtoren van St. Bees (7 km ten zuiden van Whitehaven) wees vroeger de weg in dit deel van de Ierse Zee. Nu ligt hier het eindpunt van een mooie, 6 km lange wandeling vanaf het strand van het gelijknamige plaatsje (1800 inw.), waar je ook kunt zwemmen. Blijf alleen weg van de rotskust, omdat het daar vanwege de rotsen in zee gevaarlijk is. Niet ver van de vuurtoren staat een ge-

LIE TO ME

Aan kinderen wordt al vroeg geleerd niet te jokken. In het Lake District is een keer per jaar het devies: *Lie to me,* oftewel jokken mag. De *Bridge Inn* in Santon Bridge zoekt ieder jaar in november de grootste jokkebrok van de wereld. In een wedstrijd heeft iedere deelnemer vijf minuten om een jury het mooiste leugenachtige verhaal dat ze kennen voor te schotelen. Deze ongewone wedstrijd heeft een historische achtergrond, want een zekere Will Ritson, die in de 19de eeuw in Wasdale een zeker aanzien genoot, was ook bekend om zijn fantastische verhalen. Zo beweerde hij bijvoorbeeld in de omgeving bieten te hebben gevonden die zo groot waren dat hij ze als schapenschuur kon gebruiken. Een andere keer vertelde hij dat hij een steenarend met een jachthond had gekruist om een hond met vleugels te kweken. Het enige wat achteraf waar bleek te zijn, was dat hij het voorbeeld werd voor de, naar men graag beweert, grootste jokkenbrokkenwedstrijd van de wereld.

Windkracht vanuit de Ierse Zee op het strand van St. Bees

bouwtje met een misthoorn dat al net zo min als de vuurtoren te bezichtigen is. Als je een veel langere wandeling wilt maken, kun je vanaf hier de *Coast-to-Coast-Walk* afleggen, die via de Yorkshire Dales over 300 km naar het noorden van Yorkshire loopt, dat aan de oostkust van Engeland is gelegen.

St. Bees School, een omvangrijk gebouw van elisabethaanse architectuur, in het centrum van het plaatsje, is een van de oudere scholen van Engeland en werd in 1583 gesticht. Na een korte sluiting in 2015 werd de school onlangs heropend. Simpele kamers vind je in het *Manor Hotel (7 kamers | 11–12 Main Street | tel. 01946 82 05 87 | €),* direct naast het station. In de bijbehorende pub kun je stevig Engels eten nuttigen (€€).

WORKINGTON (124 B5) (*🕮 B4*)

De havenstad Workington (24.000 inw.) is eigenlijk alleen maar bekend vanwege de mogelijkheid er goed inkopen te kunnen doen. Naast de gewone winkels die je overal in de Engelse binnensteden vindt en in deze plaats tussen Oxford Street en Pow Street, is er eveneens een echt warenhuis, een zeldzaam verschijnsel in het Lake District.

Niet ver van de binnenstad vind je de ruïne van de *Workington Hall (Ladies' Walk),* die ook wel de *Curwen Hall* wordt genoemd. Het vroeger welvarende herenhuis is nu vrij toegankelijk, in de zomer worden er vaak concerten gegeven. Hoe het daar vroeger uitzag, laat een model van het huis zien in het *Helena Thompson Museum (ma–vr 10–16.30, zo 13.30–16.30 uur | gratis toegang | Park End Road | www.helenathompson.org.uk),* zelf een georgian woonhuis en nu gewijd aan het dagelijks leven van de 19de eeuw.

Stevige Engelse pubmaaltijden eet je in *Henry Bessemer (New Oxford Street | tel. 01900 73 46 50 | €).* De *Sleepwell Inn (27 kamers | Washington Street | tel. 01900 65 77 2 | www.washingtoncentralhotel.co.uk/sleepwell | €)*, in de binnenstad, heeft eenvoudige, maar modern ingerichte kamers.

ULLSWATER & HET NOORDOOSTEN

Het noordoosten van het Lake District is vooral geliefd bij de bezoekers van het Nationaal Park die van rust houden.

Het Ullswater is het op een na grootste meer van het Nationaal Park en is een populaire bestemming voor bezoekers van de streek. De reputatie is een beetje die van een meer voor ouden van dagen, vanwege de gemiddelde leeftijd van de bezoekers, maar er is plek voor iedereen. Te midden van het berglandschap varen het hele jaar door de *Ullswater Steamers,* 150 jaar oude rondvaartboten, over het meer en overal zijn wandelpaden. De bekendste hiervan is de Ullswater Way, een rondwandeling om het meer. Verder zijn ook enkele gedeeltes van de Romeinse weg op de zuidelijke oever bewaard gebleven.

De Kirkstone Pas, die door een adembenemend mooi berglandschap loopt, verbindt deze streek met Windermere en Ambleside. Het stadje Penrith vormt hiermee een contrast. Het ligt een stuk ten oosten van het Ullswater en daardoor net buiten het Lake District. Alhoewel het niet al te groot is, heeft het een voetgangerszone en veel winkels. Het is het economische hart van de streek. Het zuidelijker gelegen Shap is nogal jaloers op deze bevoorrechte positie, want deze marktplaats heeft door de aanleg van de M6, de autosnelweg vanuit het zuiden, ten onrechte veel aan levendigheid ingeboet. Van hieruit kun je het best een bezoek per auto aan het oostelijke deel van het Lake District beginnen, vanuit een ander vertrekpunt is dat moeilijker.

 Foto: Ullswater bij Glenridding

De Romeinen kwamen er al graag en ook nu nog is het Ullswater een populaire bestemming om te wandelen of te varen

PENRITH

(126–127 C–D 4–5) (🕮 F4) **Andere plaatsen in het Lake District hebben wellicht uitzicht op bergen of liggen direct aan een meer, maar Penrith (15.000 inw.) beroemt zich op zijn binnenstad.** Rondom de oude klokkentoren op de *Market Square* is een ontspannen ogend centrum ontstaan met veel winkels, cafés en restaurants. De georgian architectuur is op grote schaal behouden gebleven en dat maakt dat het stadje er zeer authentiek uitziet, echter ook omdat er weinig aan onderhoud is gedaan. Zuidelijk ligt een stadsuitbreiding, de *New Squares*, die nog niet echt leeft, afgezien van een grote supermarkt en een hotel, maar architectonisch wel geslaagd is. Hoewel Penrith misschien niet de mooiste stad van Cumbria is, is het wel een van de belangrijkste centra hiervan en het is bovendien een uitstekend uitgangspunt om het noordelijke deel van het Lake District te verkennen.

SIGHTSEEING

BROUGHAM CASTLE ★

Deze ruïne van een oude burcht, direct aan de rivier de Eamont net buiten het centrum, werkt net zo betoverend als een plaatje uit een prentenboek. Bijna alle buitenmuren staan nog overeind en je kunt er samen met tientallen schapen naar hartenlust tussendoor wandelen. Een kleine tentoonstelling bij de ingang vertelt de geschiedenis van Brougham Castle. Het stamt oorspronkelijk uit de 13de eeuw en was strategisch belangrijk vanwege de nabijheid van Schotland. In de 17de eeuw werd het uiteindelijk ontruimd. *April–sept, dag. 10–18, okt. 10–16, nov.–maart za/zo 10–16 uur | toegang £4,90 | Moor Lane | www.english-heritage.org.uk*

Ontspannen op stand in The George Hotel in Penrith

KING ARTHUR'S ROUND TABLE

Of hier op deze *henge* uit de jongste steentijd werkelijk de ridders van de ronde tafel van Koning Arthur samenkwamen is onbewezen, maar dit is zeker een bijzondere ter plekke opgeworpen constructie! Aan de andere kant van de weg, verder de stad uit, vind je *Mayburgh Henge,* een duidelijk grotere heuvel met erop een menhir: een grote steen. *Altijd toegankelijk | gratis toegang | Eamont Bridge | B5320 | www.english-heritage.org.uk*

PENRITH CASTLE

Er is niet veel meer te zien van Penrith Castle, een burcht opgetrokken uit rood zandsteen, maar de muren die overgebleven zijn, ogen bijzonder imposant. De hertog van Gloucester heeft hier enige jaren gewoond, voordat hij als koning Richard III werd gekroond. *Altijd toegankelijk | gratis toegang | Ullswater Road | www.english-heritage.org.uk*

ETEN & DRINKEN

THE DOG BECK

Dit is een goed voorbeeld van een eeuwenoude pub met een modern interieur, nadat het vanbinnen compleet werd verbouwd. Je kunt er veel soorten bier en gin krijgen en kiezen uit de typisch Engelse pubgerechten, variërend van burgers tot wraps, maar je kunt ook vegetarisch eten. Al vanaf 7 uur wordt er een INSIDER TIP uitgebreid ontbijt geserveerd. *20–22 Southend Road | tel. 01768 84 04 91 | www.jdwetherspoon.com |* €

RAJ

De vegetarische gerechten van dit Indiase restaurant herinneren eraan dat veel Indiërs in het geheel geen vlees eten. Het eten is scherp en gekruid, zoals het hoort in deze keuken. *17–18 King Street | tel. 01768 89 25 74 |* €€

WINKELEN

In Penrith zijn maar liefst drie supermarkten, meer dan in enige andere plaats in het Lake District, maar toch zijn er ook veel zelfstandige winkels. Zo is INSIDER TIP *James and John Graham (6–7 Market Square | www.jjgraham.co.uk)* een winkel waar je veel keus hebt uit de heerlijkste lekkernijen, veelal gemaakt met producten uit de streek. Het oude complex *Brougham Hall (Brougham | www.broughamhall.co.uk),* dat iets buiten de binnenstad ligt, is omgevormd tot een centrum voor kunstnijverheid, met meerdere winkeltjes die actief zijn op dat gebied.

SPORT & RECREATIE

De *C2C-fietsroute (www.c2c-guide.co.uk)* van 225 km die de oostkust bij Tynemouth met Whitehaven in Cumbria verbindt, loopt door Penrith en daarom verwelkomt de stad ook fietsers, door de aanleg van fietspaden en stallingsmogelijkheden. Fietsen kun je huren bij *Inspiring Cycling (vanaf £30 per dag, £50 voor een elektrische fiets | tel. 07887 76 49 87 | www.inspiringcycling.co.uk).*

UITGAAN

Penrith stond vroeger bekend om zijn vele brouwerijen en pubs en hoewel dat veel minder is geworden, bestaat er nog wel iets van een nachtleven. In het café het *Warehouse (43 Burrowgate)* vind je naast de gebruikelijke drankjes ook de mogelijkheid tot het beoefenen van karaoke, terwijl aan de *Alhambra (47 Middlegate)* een kleine bioscoop is verbonden.

VERBLIJF

THE GEORGE HOTEL

Een uitgesproken traditioneel hotel in het centrum, waar het goed verblijven is, met comfortabel uitgeruste kamers, een stijlvol restaurant (€€) en ook een originele bar. *35 kamers | Devonshire Street | tel. 01768 86 26 96 | www.lakedistricthotels.net |* €€

NORTH LAKES HOTEL

De ligging van dit hotel vlak bij de autosnelweg is niet ideaal, maar let liever op de moderne kamers en de spa met zwembad. *84 kamers |*

MARCO POLO HIGHLIGHTS

★ **Brougham Castle**
Deze ruïne van de burcht in Penrith, die eruitziet alsof hij altijd al vervallen is geweest, is uiterst fotogeniek → blz. 78

★ **Carlisle Cathedral**
Deze kathedraal is geheel uit rood zandsteen opgetrokken en dat is ongewoon voor Engeland. → blz. 81

★ **Lowther Castle**
Hoewel van dit slot alleen de buitenmuren bewaard zijn gebleven, is dit overblijfsel op zich al bijzonder imposant → blz. 81

★ **Ullswater Steamers**
Heerlijk ontspannen tijdens een boottocht op het Ullswater! → blz. 85

★ **Kirkstone Pass**
Het uitzicht hier is bijzonder; een *pint* vóór de Kirkstone Inn maakt het volmaakt! → blz. 87

Ullswater Road | tel. 01768 86 81 11 | www.thwaites.co.uk/hotels-and-inns | €€€

TOERISTISCHE INFORMATIE

Tourist Information Centre | 42 Middlegate | tel. 01768 86 74 66 | www.discover penrith.co.uk

IN DE OMGEVING

ACORN BANK (127 E5) *(G4)*

Acorn Bank (12 km ten oosten van Penrith) wordt vanbinnen nog steeds gerestaureerd. Aan de buitenkant is het een romantisch uitziend, roodkleurig herenhuis. Binnen is het op sommige plekken karig ingericht en ontbreekt soms de vloerbedekking, maar toch kun je het ook daar bekijken. De sobere inrichting helpt je om je te concentreren op de architectuur of om de plafonds en de knarsende vloeren goed te bekijken en daarbij steeds weer iets nieuws te ontdekken. Opvallend in de tuin zijn de honderden kruidensoorten en ook de zeldzame orchideeën die je hier zover in het noorden niet zou verwachten. Een eenvoudig plankier brengt je naar de watermolen op het terrein, waarmee nog steeds graan wordt gemalen. In het hoofdgebouw is een *vakantieverblijf (tel. 01225 79 22 74 | www.nationaltrustholidays.org.uk | €€€)* te huur. *April–okt. wo–ma 10–17, nov.–maart za/zo 10–16 uur | toegang £7 | Temple Sowerby | www.nationaltrust.org.uk*

LOW BUDG€T

Dineren is in het Lake District meestal erg duur. Als je goedkoper uit wil zijn, moet je 's middags warm eten, of doen als veel Engelsen, namelijk *fish & chips* eten in een gespecialiseerde zaak. Daar krijg je dan voor £4–5 een gepaste hoeveelheid gefrituurde visfilet en dikke friet en als het goed is een scheut azijn en veel zout. *Angel Lane Chippie (17 Angel Lane)* in Penrith is hiervoor een uitstekend adres.

Cocktails vind je ook in Engeland in de normale pubs steeds vaker, alhoewel deze wel prijzig zijn. Goedkoper kun je deze bijvoorbeeld in Penrith tijdens het Happy Hour in de *Foundry Thirty Four (34 Burrowgate | Sandgate)* krijgen, een restaurant met bar. Daar betaal je zo–vr 17–18.30 uur voor alle cocktails de halve prijs, net als trouwens ook voor alle gerechten op het menu.

CALDBECK (126 A3) *(E3)*

Het meest noordelijk gelegen plaatsje (730 inw.) in het Lake District is tegelijk ook het meest idyllische. Kleine, crèmekleurig huizen met strak gesnoeide buxushagen ervoor omzomen de Whelpo Beck die door het dorp stroomt. Samen zorgen ze voor een betoverend plaatje. Het *Watermill Café (Priest's Mill | tel. 016974 7 82 67 | www.watermillcafe.co.uk | €)*, in een oude watermolen vlak naast de kerk, serveert lekkernijen, bijna allemaal op biologische basis. Het *Glebe Cottage (Old Rectory | tel. 016974 7 84 84 | €€)*, ook naast de kerk, is een prettig verblijf met kookgelegenheid. *Inlichtingen: www.caldbeckvillage.co.uk*

CARLISLE (126 B1–2) *(E1)*

De hoofdstad van Cumbria (75.000 inw.) doet erg denken aan het soms grauwe weer van het graafschap. Als je de stad

Pastelkleurig Caldbeck, de noordelijkste plaats van het Lake District

leert kennen, ontdek je echter al gauw veel mooie plekjes. De binnenstad rondom het kruis op de markt, overigens meer een zuil, heeft mooie oude gebouwen en je vind er van alle grote Engelse winkelketens wel een filiaal.

De ★ ● *Carlisle Cathedral (ma–za 7.30–18.15, zo tot 17 uur | gratis toegang | Castle Street | www.carlislecathedral.org.uk)* uit de 12de eeuw is een van de weinige Engelse kathedralen die gebouwd zijn met rood zandsteen. Hoewel het de op een na kleinste kathedraal van het land is, is de kerk van binnen imposant. Bekijk onder andere het oostelijke glas-in-loodraam, met Bijbelse taferelen. Als de zon erop schijnt, licht het duistere en koele inwendige van het gebouw warm en kleurrige op. In de ondergrondse *treasury* vind je opgegraven voorwerpen, waardevolle kelken en zaken die door vroegere bisschoppen zijn bewaard.

Carlisle Castle (april–sept. dag. 10–18, okt. 10–17, nov.–maart za/zo 10–16 uur | toegang £6,80 | Castle Way | www.english-heritage.org.uk) aan de rand van de binnenstad, is een 900 jaar oude en uitgestrekte vesting die goed bewaard is gebleven. Deze was eertijds van groot strategische belang vanwege de nabijgelegen Schotse grens. Dat wordt belicht in het militaire museum dat erin gevestigd is. Mary Stuart is hier gevangen gehouden. Naar haar is nu een toren genoemd die een mooi uitzicht biedt over de daken van Carlisle.

Heerlijke koffie en gebak vind je in het ouderwetse café van INSIDER TIP *John Watt & Son (11 Bank Street | www.johnwattandson.co.uk)*. Het *Halston Aparthotel (16 kamers | 20–34 Warwick Road | tel. 01228 210240 | www.thehalston.com | €€)* heeft moderne appartementen met kookgelegenheid, maar ook een goed restaurant (Engelse keuken, €€€) en hotelfaciliteiten.

LOWTHER CASTLE ★ (127 D5) (*F4*)

Ook van dichtbij zie je nauwelijks dat van dit imposante slot niets anders dan de buitenmuren nog overeind staan. Lowther Castle is een in de 17de eeuw opgetrokken landhuis, nogal uitbundig met torentjes en tinnen op de muren

Hoewel het een stuwmeer is, is het een plaatje: het Haweswater

uitgerust. Zelfs dakloos maakt het nog steeds veel indruk. Bovendien staat het naast een uitgebreid gebied waar vroeger tuinen lagen, die sinds enige tijd weer in etappes worden hersteld. De daken van het kasteel werden in 1957 verwijderd en het gebouw werd aan het verval prijsgegeven, omdat de bezitters het onderhoud niet meer konden betalen en zodoende tenminste geen belasting meer hoefden af te dragen.

Wel degelijk bewoonbaar is de nabijgelegen *Askham Hall (13 kamers | Askham | tel. 01931 712350 | www.askhamhall.co.uk | €€€)*, nu een hotel osp stand met een prachtige tuin. Aan de andere kant van de M6 en niet ver van Lowther vind je de boerderij INSIDER TIP *Abbott Lodge (Clifton | www.abbottlodgejerseyicecream.co.uk)*, waar je heerlijk ijs kunt kopen, bereid uit de melk van hun eigen jerseykoeien. *Lowther Castle. April–sept. dag. 10–17, anders tot 16 uur | toegang £9 | Lowther | www.lowthercastle.org*

SHAP

(127 D6) (*G5*) **De grauwe huisjes van Shap (1200 inw.) liggen als een ketting aaneengeschakeld langs de weg die vroeger de hoofdverbinding tussen Engeland en Schotland vormde.**

Nu zorgt de nabijgelegen autosnelweg alweer geruime tijd hiervoor en is het rustig geworden in het dorp. Hoofdinkomsten komen van de landbouw, maar ook van het toerisme, door de ligging in het oosten van het Lake District. Alleen van hieruit kun je bij het Haweswater komen en niet direct vanuit het Nationaal Park. Ook beginnen aan deze kant de Yorkshire Dales, eveneens een prachtig Nationaal Park.

Shap Summit, een kleine 3 km ten zuiden van het dorp, is een pelgrimsoord voor spoorwegfanaten, want deze pas van 278 m vormt het hoogste punt van het westelijke traject tussen Londen en Glasgow, dus komen hier veel bezoekers

voor een selfie met het naambord van deze plek.
Shap is in Engeland ook bekend vanwege het blauwe en rozegekleurde graniet dat hier hedentendage nog steeds wordt gewonnen.

SIGHTSEEING

KELD CHAPEL

Deze middeleeuwse kapel in dit zeer landelijke deel van Shap is eigenlijk heel onopvallend, omdat het gebouwtje uit losse stenen is opgebouwd en niet bepleisterd is. Vroeger was het misschien onderdeel van de nabijgelegen kloosterkerk. Van binnen maakt het door het gebrek aan opsmuk, met de eenvoudige houten banken en een tafel als altaar een bijzondere indruk. *Altijd toegankelijk (de sleutel hangt aan het huis van de familie Taylor er tegenover) | gratis toegang | Keld Lane | www.nationaltrust.org.uk*

SHAP ABBEY

De ligging van de overgebleven resten van het ooit zo schitterende klooster Shap Abbey op het terrein van een boerderij, waarin ook nog resten ervan zijn verwerkt, is bijzonder. De ruïne van de westelijke toren is het best bewaard gebleven van dit 13de-eeuwse complex en die kun je bezichtigen, naast een rij fundamenten. Shap Abbey was de laatste abdij die in Engeland is gesticht. Veel stenen ervan werden hergebruikt voor de bouw van de markthal van Shap en voor Lowther Castle bij Penrith. *Altijd toegankelijk | gratis toegang | www.english-heritage.org.uk*

ETEN & DRINKEN

SHAP CHIPPY

Engelser kan haast niet dan hier in dit eenvoudige *fish & chips*-restaurant, waar alles direct na bereiding wordt geserveerd. De ongepolijste atmosfeer maakt het alleen niet geschikt voor een romantisch etentje. *Main Street | tel. 01931 716060 | www.shapchippy.co.uk | €*

VERBLIJF

SHAP WELLS HOTEL

Een warmwaterbron in dit hotel trok vroeger chic publiek, nu is het een eenvoudig landelijk gelegen hotel, en de bron wordt niet meer gebruikt. *98 kamers | B6261 | tel. 01931 716628 | www.shapwells.com | €€*

TOERISTISCHE INFORMATIE

Information Point | The Old Courthouse | Main Street | tel. 01931 717539

IN DE OMGEVING

HAWESWATER (126 C6) (*🕮 F5*)

Dit kunstmatige meer ontstond aan het einde van de jaren 1930 door het afsluiten van twee rivieren: High Water en Low Water. Twee plaatsjes, Measand en Mardale Green, verdwenen in het zo ontstane stuwmeer, dat sindsdien voor het drinkwater van Manchester en omgeving zorgdraagt. Het bijzondere van deze plek is dat je er vaak de enige bezoeker bent, omdat het per auto alleen vanuit het oosten is te bereiken en daardoor weinig toeristen uit het Lake District aantrekt.
Met de auto kun je niet direct aan de oever komen, maar er loopt vanaf de parkeerplaats Mardale Green aan het eind van de enige toegangsweg een wandelpad van 14 km om het meer heen. Met wat meer inspanning kun je vanaf dezelfde parkeerplaats langs Small Water naar de High Street-top en vandaar in een boog terug wandelen (9,5 km,

met meerdere hoogteverschillen). Het wat afgelegen, maar mooi opgeknapte en weinig pretentieuze *Haweswater Hotel (17 kamers | Lakeside Road | Bampton | tel. 01931 713235 | www.haweswaterhotel.com | €€€)* biedt de enige mogelijkheid tot eten en overnachten in de buurt. Je hebt er een prachtig uitzicht over her meer.

ULLSWATER

(126 B–C 5–6) *(E–F 4–5)* **Een paar dorpjes brengen wat bescheiden leven in het noordoosten van het Lake District met het meer het Ullswater, dat veel rustiger is dan de andere meren.**

Vanuit *Glenridding* (500 inw.) kun je het makkelijkst de oevers van dit meer verkennen, omdat je er van hieruit direct toegang toe hebt. Er leggen het hele jaar door boten aan. Dat dit vroeger een belangrijk mijnwerkersdorp was, is nu nauwelijks meer te merken.

Pooley Bridge (300 inw.) in het oosten is naar een oude stenen brug genoemd, die later door een overstroming is weggespoeld. In dit mooie dorp valt het niet op als je de halve dag in het zonnetje voor een van de pubs of cafés je tijd verdoet, want je bent niet de enige! Van april tot september vindt er in het dorp iedere laatste zondag van de maand *(van 10.30–14.30 uur)* INSIDER TIP een van de aangenaamste markten van heel Cumbria plaats.

SIGHTSEEING

AIRA FORCE

Omgeven door een dicht naaldbos stort zich de mooiste waterval van het Lake Districts, de Aira Force, zo'n 20 m de diepte in. Vanaf de parkeerplaats is het een goede 15 minuten wandelen ernaartoe over een niet overal even vlak voetpad. Het mooist zie je de waterval vanaf de onderste van twee stenen bruggen. Vooral 's morgens en 's avonds zie je de voor deze plek typische rode eekhoorns rondscharrelen. In de *Tea Room (€)* bij de parkeerplaats is het prettig om 's middags thee te drinken. *Altijd toegankelijk | gratis toegang | A592 (hoek Park Brow) | www.nationaltrust.org.uk*

COCKPIT STONE CIRCLE

Deze steencirkel, net buiten Pooley Bridge, is alleen te voet te bereiken (in het verlengde van de High Street steeds rechtdoor). De nogal kleine stenen maken het monument niet erg bijzonder, maar de omgeving vergoedt veel. Cockpit bevindt zich hoog boven het Ullswater en geeft zicht op de ver afgelegen Derwent Fells. *Altijd toegankelijk | gratis toegang | in het verlengde van High Street*

GREENSIDE MINE

Waar de rivier de Glenridding Beck naar beneden kabbelt en de schrale toppen van de omliggende bergen zich op de achtergrond verheffen, liggen de oude granieten gebouwen van de ooit grootste loodmijn van het Verenigd Koninkrijk. Nu is het er alleen nog stil. Het terrein van de Greenside Mine is een mooi overblijfsel van een voorbije tijd. Hier staat nu INSIDER TIP *jeugdherberg (18 kamers met meerdere bedden | tel. 0345 3719742 (*) | www.yha.org.uk/hostel/helvellyn | €)*, waar je als gast pure rust zult vinden.

De mijn kun je niet bezichtigen, want hier vond in de jaren 1960 de *Operation Orpheus* plaats, de codenaam voor de onderaardse nucleaire explosies die de Engelse atoominstanties uitvoerden om gegevens te verzamelen. Boven de grond is alles weer als tevoren, tenminste volgens de autoriteiten. Een smalle, ongeveer 2 km lange weg loopt langs de Glenridding Beck en verbindt de plaats met de mijn.

ETEN & DRINKEN

BECKSIDE BAR

In het mooie Glenridding hotel (36 kamers) wacht je, misschien onverwacht, een uitstekende, moderne bar met heerlijke en met zorg bereide kleine gerechten (Engelse keuken). *A592 | Glenridding | tel. 017684 8 22 28 | www.theglenriddinghotel.com* | €€€

GRANNY DOWBEKIN'S TEAROOMS

Direct naast de brug kun je heerlijk even pauzeren met verrukkelijk gebak, smakelijke sandwiches en andere gerechten, ook veganistische of glutenvrije keuzes. Je kunt buiten zitten in een kleine tuin. *Pooley Bridge | tel. 017684 8 64 53|www.grannydowbekins.co.uk* | €

SPORT & RECREATIE

Vanaf de pieren in Glenridding en Pooley Bridge doorkruisen de *Ullswater Steamers (dagpas £14,20 | Glenridding Pier House | tel. 017684 8 22 29 | www.ullswater-steamers.co.uk)* meermaals per dag het meer. *St. Patrick's Boat Landing (Grisedale Bridge | Glenridding | tel. 017684 8 23 93 | www.stpatricksboatlandings.co.uk)* verhuurt roei- en motorboten en fietsen. Roeiboten vind je ook bij *Lakeland Boat Hire (Rivermouth | Eusemere | Pooley Bridge | tel. 017684 8 68 00 | www.lakelandboathire.co.uk)* (ieder vanaf £16 per uur).

Verreweg de populairste wandeling is ongeveer 14 km lang en gaat vanaf Glenridding naar het westen steil omhoog naar de *Helvellyn*, de op twee na hoogste berg van Engeland. Over de 32 km lange *Ullswater Way (www.ullswater.com/the-ullswater-way)* loop je daarentegen door mooie

Varen op het Ullswater met een stoomboot is al een doel op zich

natuur om het meer heen en door alle grotere plaatsen, maar steeds met prachtig uitzicht. Het is prettig te weten dat de route ook langs alle vier de aanlegplaatsen van de stoomschepen komt. Je herkent de route aan de ronde bordjes met een gele bloem.

VERBLIJF

ANOTHER PLACE

Dit is het meest spannende en moderne project op hotelgebied in het Lake District sinds lange tijd. Het verblijf ligt iets buiten de plaats, maar wel direct aan het meer en is in 2017 tot een wellness- en feelgoodparadijs omgebouwd. In iedere kamer kun je nu ontspannen met een fraai uitzicht over de omgeving. Je vindt er ook een grote spa-afdeling. *40 kamers | Watermillock | tel. 01768 48 64 42 | www.another.place | €€€*

INN ON THE LAKE

Dit prachtige, victoriaanse hotel direct aan het meer garandeert om bijzondere vakanties. Standaard ingerichte kamers, INSIDER TIP met een zeer goede *afternoon tea* met uitzicht over het meer, en een uitstekend restaurant (€€€), ook voor niet-gasten. *47 kamers | Glenridding | tel. 0800 8 40 12 45 | www.lakedistricthotels.net | €€€*

TOERISTISCHE INFORMATIE

Ullswater Information Centre | Beckside Car Park | tel. 017684 8 24 12 | www.lakedistrict.gov.uk

IN DE OMGEVING

DALEMAIN (126 C5) (*F4*)

Dit middeleeuwse landgoed is niet zo imposant als Downton Abbey uit de gelijknamige tv-serie, maar het heeft wel een huiselijker sfeer. Het werd steeds uitgebreid en is altijd bewoond geweest. De familie Hasell-McCosh die er woont, leidt graag groepen bezoekers rond om hun de oude meubels, porselein, speelgoed en schilderijen te tonen en om te vertellen over de bijzonderheden van gebouw en bewoners, zoals over de ooit geheime kapel. *Cream tea* op stand wordt geserveerd in de *Tea Room (€)*, uitkijkend over een grote tuin achter het hoofdgebouw. *Dalemain Estate | april–okt. zo–do 10.30–15.30 uur | toegang £11,50 (alleen tuin £8,50) | www.dalemain.com*

BOEKEN

Een duister vermoeden – (2012) In dit detectiveverhaal van Elizabeth George zet een moord het leven van een invloedrijke familie in het Lake District op de kop. Inspector Lynley onderzoekt de zaak. Een spannend boek als je van klassieke Engelse detectives houdt

Het herdersleven – (2016) Een boek dat het leven op het land in het Lake District diepgaand beschrijft. De auteur James Rebanks vertelt in een persoonlijk verhaal over zijn leven en dat van zijn familie als schaapherders in het berggebied. Je komt veel te weten over het leven van alledag, over de natuur in het gebied, maar vooral ook over de herdwickschapen die in grote delen van het Nationaal Park voorkomen

Via steile wegen naar de Kirkstone Pass in een adembenemende eenzaamheid

KIRKSTONE PASS ★ ●

(129 F1) (🕮 E6)

Ook al heb je nog zoveel ontzag voor nauwe en steile weggetjes, een tocht over de Kirkstone Pass (A592), die het Ullswater meer met Windermere verbindt, vormt een van de hoogtepunten van het Lake District. De weg gaat tot een hoogte van 454 m door een fantastisch landschap, langs ravijnen die begroeid zijn met mos en gras, langs grazende schapen en eenzame wandelpaden. Op 451 m hoogte staat de *Kirkstone Inn (tel. 015394 3 38 88 | www.kirkstonepassinn.com | €)*, naast een van de oudste (uit 1496) tevens de op twee na hoogst gelegen pub van Engeland. Hier kun je een exclusief bier proeven, want INSIDER TIP *Kirkstone* wordt uitsluitend voor deze pub gebrouwen. Daarnaast kun je er klassieke pubgerechten eten, zoals een van de beste koolsalades *(coleslaw)* van heel Engeland. Ten slotte kun je ook overnachten in hun eenvoudige B&B (*4 kamers* | €).

PATTERDALE (126 B6) (🕮 E5)

Hier komen de vooral in de VS en Groot-Brittannië geliefde patterdaleterriers vandaan. De plaats (500 inw.) leeft vooral van een jeugdherberg, een parkeerterrein en van de omgeving. Gelegen in het dal aan de zuidoever biedt Patterdale in het algemeen een iets prettiger mogelijkheid om het Ullswater te verkennen dan vanuit de hotels die direct aan het water liggen. Vooral wandelaars waarderen de vele mogelijkheid om de bergen in de omgeving te bezoeken.

Het *Patterdale Hotel (57 kamers | A592 | tel. 017684 8 22 31 |www.patterdalehotel.co.uk | €€€)* heeft prettige kamers zonder veel opsmuk, waarbij de gasten ook het voordeel hebben gratis te kunnen parkeren. Op de andere, officiële parkeerplaats in het dorp wil de prijs nog wel eens oplopen. De *White Lion Inn (A592 | tel. 017684 8 22 14 | €€)* is een mooie pub met verzorgde Engelse gerechten, van het kaliber *fish & chips* en hamburgers.

ROUTES & TOCHTEN

1 DE IDEALE ROUTE DOOR HET LAKE DISTRICT

START: 1 Kendal
DOEL: 26 Cartmel

Afstand:
ongeveer 500 km

10 dagen
totaal
8–9 uur onderweg

KOSTEN: €2000 per persoon (met twee personen in een tweepersoonskamer in een gemiddelde hotelcategorie) voor overnachtingen, eten, toegangsprijzen en benzine

NIET VERGETEN: Goede, waterdichte wandelschoenen, regenjack, in de zomer zonnebrandcrème, warme trui (ook in de zomer)

LET OP: 2 **Bowness-on-Windermere:** boottocht naar Lakeside: vaartijden op *www.windermere-lakecruises.co.uk*
25 **Ulverston: Hoad Monument** alleen op zondag geopend

 Foto: Rydal Water

Elke uithoek van onze aarde heeft zijn eigen schoonheid. Als het je leuk lijkt de bijzonderheden van elk gebied te ontdekken, dan zijn deze op maat gesneden tochten echt wat voor jou. Je krijgt geweldige tips voor halteplaatsen op adembenemende plekken en bij speciale eetgelegenheden en typische activiteiten.

Bergen, meren en veel kleine plaatsjes zul je tegenkomen op deze rondreis door het Lake District. Je stopt op de mooiste plekjes om de hoogtepunten van dit Nationaal Park te beleven. Vooral geschikt voor een eerste verkenning.

Je begint in ❶ **Kendal** →blz. 47, de zuidelijke toegang tot het Lake District. Struin door het centrum met zijn vele winkeltjes tot aan de ruïnes van **Kendal Castle** *(Parr Street)*. Na een lunch in de **Globe Pub** *(tel. 01539 72 18 52 | globekendal.co.uk | €€)* op de Market Place rijd je **vandaar naar** ❷ **Bowness-on-Windermere** → blz. 38. Slenter door

DAG 1

❶ Kendal

20 km

❷ Bowness-on-Windermere

de kleine binnenstad naar het meer, het Windermere. Tijd voor een ijsje? Bij de INSIDERTIP **Windermere Ice Cream Company** *(Chestnut Road)* vind je een ruime keus. De volgende drie nachten verblijf je hier in Bowness, bijvoorbeeld in het bijzondere hotel **The Belsfield** van Laura Ashley.

DAG 2

19 km

❸ Haverthwaite

23 km

❹ Ambleside

Koop wat proviand voor onderweg in de supermarkt. Om 10.30 uur begin je vanaf de pier van Bowness met een **boottocht naar Lakeside → blz. 40, waar de historische stoomtrein naar ❸ Haverthwaite al op je wacht.** Dat is een geschikte plek voor een picknick. Bezoek dan ook even de **Engine Shed** met een paar oude locomotieven, voordat je **met dezelfde trein weer teruggaat naar Lakeside om daar de boot naar ❹ Ambleside → blz. 33 te nemen.** Beëindig deze dag met een *cream tea* in het **Waterhead Hotel** voor je **bus 599 terug naar Bowness neemt.**

De volgende morgen is het doel ❺ Grasmere → blz. 44. Dit schilderachtige plaatsje is ook bekend om zijn smakelijke *gingerbread.* **Daarna rijd je terug naar Rydal om ❻ Rydal Mount → blz. 47** te bezoeken, waar de dichter William Wordsworth vele jaren woonde. **Via Ambleside bereik je ❼ Hawkshead → blz. 36**, waar je toe zult zijn aan een late lunch, bijvoorbeeld in het **King's Arms Hotel**. Daardoor gesterkt, bezoek je vervolgens de **Beatrix Potter Gallery**, waar je tekeningen van de beroemde kinderboekenschrijfster tentoongesteld zult vinden. Stop ook **op de terugweg voor ❽ Hill Top → blz. 36**, de vroegere woning van Potter. **Met het veer over het Windermere kom je dan weer terug in Bowness, op de andere oever.**

Rijd de volgende dag richting Ambleside, maar ga direct buiten Windermere rechtsaf naar de A592, die over de ❾ Kirkstone Pass → blz. 87 gaat, een van de indrukwekkendste passen van Engeland. Geniet bij een kopje thee van het uitzicht vanuit de **Kirkstone Pass Inn**! **Deze weg komt uit in Ullswater → blz. 84. Stop ongeveer 4 km na Glenridding bij de ❿ Aira-Force waterval → blz. 84**, die je bereikt na een korte wandeling. **De volgende stop is ⓫ Pooley Bridge → blz. 85**, waar je een roeiboot kunt huren (aan de oever, na de brug rechts). Onderga een idyllisch uurtje op het water voor je opbreekt **richting Lowther**. Van het **⓬ Lowther Castle → blz. 81** zijn alleen nog maar de muren over, maar bij je bezoek zul je zien hoe indrukwekkend het gebouw nog steeds is. **Via de A6 kom je in ⓭ Penrith → blz. 77**, waar je bijvoorbeeld in het **George Hotel** kunt overnachten.

Na het ontbijt kun je alles inslaan voor een picknick, het best bij **Marks & Spencer** *(22–27 King Street)* en dan afreizen **naar Keswick. Bij Threlkeld sla je af richting ⓮ Threlkeld Quarry and Mining Museum → blz. 71** om daar in een oud treintje over het terrein te schommelen. Daarna breng je **een bezoek aan de ⓯ Castlerigg Stone Circle → blz. 71**, een oude steencirkel in een indrukwekkend berglandschap, en dan picknicken! **Hierna volgt direct een bezoek aan ⓰ Keswick → blz. 67**, waar je de dag afsluit met een voorstelling in het **Theatre by the Lake**. Een verblijf voor drie nachten vind je bijvoorbeeld in het **Keswick Country House Hotel**.

Op naar ⓱ Cockermouth → blz. 64! Midden in het centrum kun je daar het **Wordsworth House and Garden** be-

23 km

18 Whitehaven

33 km

19 Lakes Distillery

DAG 7

30 km

20 Honister Pass

10 km

21 Buttermere

DAG 8

54 km

22 Ennerdale Water

26 km

23 Ravenglass and Eskdale Railway

24 km

24 Muncaster

DAG 9

58 km

25 Ulverston

zoeken, het geboortehuis van de dichter William Wordsworth. Nadat je thee hebt gedronken in het café dat bij dit huis hoort, slenter je wat door het plaatsje **voor je doorrijdt naar** 18 **Whitehaven → blz. 71**. Daar roept de **Rum Story** de tijd op dat deze stad tot de belangrijkste havens van de streek behoorde. **Op de terugweg naar Keswick sla je af bij het Bassenthwaite Lake → blz. 69 voor een bezoek aan de** 19 **Lakes Distillery → blz. 69**. Daar kom je tijdens een rondleiding te weten hoe in deze gerestaureerde destilleerderij sinds een paar jaar weer whisky, gin en wodka worden geproduceerd. In het bijbehorende restaurant kun je vervolgens goed dineren.

Trek je wandelschoenen aan en **rijd daarna met de auto naar het zuidwesten, naar de** 20 **Honister Pass → blz. 63**. Al na honderd meter over deze weg de bergen in is het uitzicht sensationeel! Bezoek ook op het hoogste punt de **Honister Slate Mine**. Tijdens bezichtiging ervan kom je alles te weten over de leisteenwinning in deze streek. **Rijd dan door naar** 21 **Buttermere → blz. 61** voor een huisgemaakt ijsje in de **Syke Farm Tea Room**. Langs de schapen loop je daarna naar het gelijknamige meer, het Buttermere, en wandel je eromheen. Geniet daarbij van het uitzicht dat zelfs nog beter wordt, want de **terugweg brengt je, achter de kerk van het plaatsje langs, eveneens over een pas naar Keswick.**

Rijd via Cockermouth naar het 22 **Ennerdale Water → blz. 72** en maak een korte wandeling langs de oever van dit overzichtelijke meer. **In het nabijgelegen dorp** **Ennerdale Bridge** vind je meerdere mogelijkheden om te lunchen, zoals bijvoorbeeld in **The Gather** *(tel. 01946 86 24 53 | thegatherennerdale.com | €)*, waarna je **doorrijdt naar Ravenglass → blz. 54**. Parkeer daar bij het station, want vanaf hier **ga je met de** 23 **Ravenglass and Eskdale Railway → blz. 55** 11 km lang midden door deze mooie streek. Drink vooral ook een kop thee in **Dalegarth for Boot**, het eindpunt van de trein, en maak een wandelingetje door de omgeving voor je met dezelfde trein weer terugkeert. **De laatste etappe van deze dag eindigt in** 24 **Muncaster**, waar je overnacht.

Bekijk voor je vertrek eerst nog **Muncaster Castle → blz. 56**. **Vervolgens ga je naar** 25 **Ulverston → blz. 57** voor een bezoek aan het **Laurel & Hardy Museum**. Na een korte wandeling door de binnenstad kun je krachten opdoen tijdens de lunch in de pub **The Farmers**, want er moet nog een flinke wandeling worden gemaakt. Via het Ford Park bereik je het op een heuvel gelegen **Hoad Monument**, dat alleen op zondag te bezichtigen is, maar het uitzicht is al een beloning. **De laatste etappe gaat naar ㉖ Cartmel** → blz.41, waar je incheckt in het **Priory Hotel**. Geniet op deze laatste avond in het Lake District van een heerlijke maaltijd in het sterrenrestaurant **L'Enclume**.

26 km

㉖ Cartmel

Slenter door de plaats naar de abdij de **Cartmel Priory**. Daartegenover zie je hoe kaas wordt gemaakt en bier gebrouwen. Cartmel is ook bekend vanwege de bijzondere *sticky toffee pudding*, die je in het café van de **Village Shop** kunt proberen. En dan is het tijd om het Lake District vaarwel te zeggen!

DAG 10

2 HET HART VAN HET LAKE DISTRICT

START: ① Allan Bank, Grasmere
DOEL: ⑧ Baldry's Tea Room, Grasmere

Afstand:
ongeveer 5,5 km

6 uur
totaal 1½ uur onderweg

KOSTEN: €40 per persoon voor eten en toegangsprijzen
NIET VERGETEN: Wandelschoenen, afhankelijk van het weer regenjack of zonnebrandcrème

Hier dichtte Wordsworth, in Dove Cottage in Grasmere

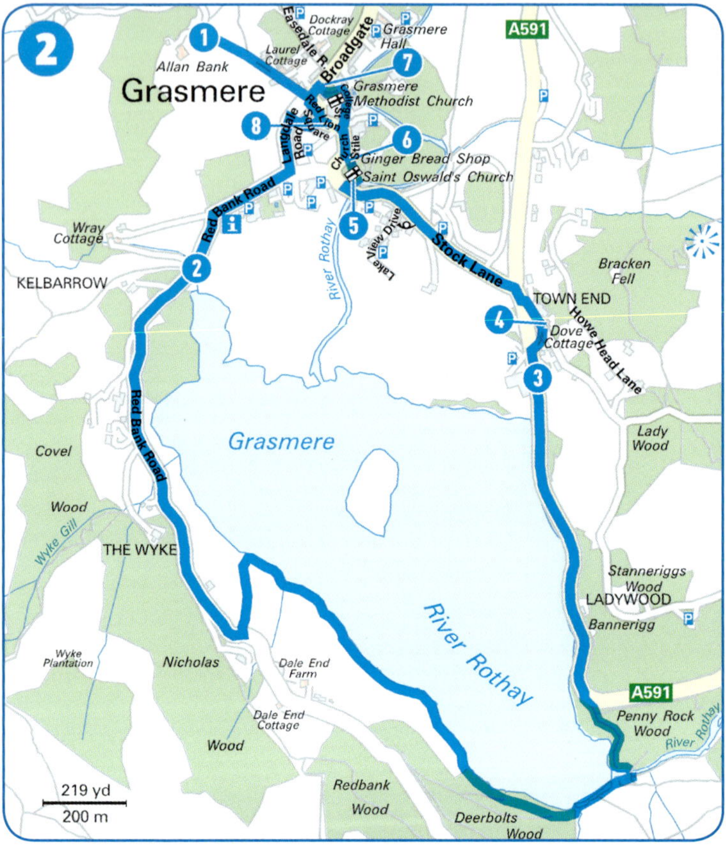

Deze rondwandeling brengt je naar het hart van het Lake District, naar het beeldschone plaatsje Grasmere. Je bekijkt er twee belangrijke historische huizen, je maakt er een kleine wandeling en je ontdekt er het grote exportsucces van deze omgeving: het *gingerbread*.

1 Allan Bank

940 m

10:00 De tocht begint met een bezichtiging van **1 Allan Bank** **→ blz. 44**, de wonderschone villa van de medeoprichter van de National Trust, Canon Rawnsley. Voel je al iets van ontspanning? Het uitzicht over het meer, het Grasmere, is vanuit de kamers hier al prachtig, maar het best kun je ervan genieten vanuit een van de ligstoelen naast het huis. Slaap vooral niet in, maar begin aan je wandeling om het meer.

In het centrum van het dorp ga je bij hotel *The Inn* rechtsaf de Langdale Road in, om aan het eind hiervan rechts de Red Bank in te gaan. Na ongeveer 1 km zie je links een weg achter een houten poort met het symbool van de National Trust, zes eikenbladeren aan een twijg. **Wandel deze weg af naar beneden, naar het ❷ Grasmere**, en geniet van het uitzicht over dit prachtig gelegen kleine en overzichtelijke meer.

Steek vervolgens de rivier de Rothay over om na een tijdje de hoofdweg te bereiken. Deze volg je links terug in de richting van Grasmere tot je aan je linkerhand het ❸ Daffodil Hotel *(Keswick Road | tel. 015394 63550 | www.daffodilhotel.co.uk | €€€)* ziet, waar je goed kunt lunchen. Vanuit dit restaurant heb je onder het eten eveneens een INSIDER TIP mooi uitzicht over het meer!

Geheel verkwikt **volg je hierna deze weg verder tot aan het station. Direct hierna bereik je het ❹ Dove Cottage** → **blz. 44**, waar William Wordsworth ooit woonde. Tijdens het bezoek aan dit huis met zijn kleine, lage kamertjes voel je je teruggeplaatst naar de tijd van deze grote Engelse dichter.

Vervolgens loop je verder **naar het plaatsje Grasmere. Als je de rivier de Rothay nogmaals bent overgestoken, ga je rechtsaf het kleine kerkhof van de ❺ St. Oswald's Church in. Aan het andere eind sta je dan direct voor de deur van de ❻ Gingerbread Shop** → **blz. 45**. Kijk om je heen en probeer dan ook het *gingerbread,* deze nogal stevige koek die zo sterk naar kruiden smaakt.

15:00 **Slenter ter afsluiting van de tocht nog wat door het kleine dorp**, waar je ook een aardige, kleine galerie vindt, de **❼ Heaton Cooper Studio** → **blz. 44**, met een collectie van overwegend landschapsschilderijen die te koop zijn. In **❽ Baldry's Tea Room** → **blz. 44** in het centrum heb je de overheerlijke *cream tea* zeker verdiend!

❷ Grasmere
3500 m
❸ Daffodil Hotel
130 m
❹ Dove Cottage
630 m
❺ St. Oswald's Church
70 m
❻ Gingerbread Shop
250 m
❼ Heaton Cooper Studio
140 m
❽ Baldry's Tea Room

Om van te watertanden: heerlijk gekruid *gingerbread*

3 FIETSEN BIJ HET WINDERMERE

START: ❶ Bowness-on-Windermere
DOEL: ❶ Bowness-on-Windermere

7½ uur totaal
2½ uur onderweg

Afstand: 24 km
makkelijk
hoogtemeters: 289

KOSTEN: Ongeveer €70 per persoon voor eten, toegangsgelden, fietshuur en veer
NIET VERGETEN: Afhankelijk van het weer: regenjack of zonnebrandcrème, fietshelm (verkrijgbaar bij verhuurder), water

LET OP: Veel hotels verhuren fietsen, net als het *Country Lanes Cycle Hire Centre (tel. 015394 4 45 44 | www.countrylaneslakedistrict.co.uk)* bij het station van Windermere, waar je ze per dag kunt huren. Tussen Bowness en Wray Castle verloopt het traject over route nr. 6 van het *National Cycle Network* (blauwe bordjes met een witte fiets en een witte 6 op een rode achtergrond).

Deze ronde brengt je per fietst door de omgeving westelijk van het Windermeremeer. Je steekt dit met een veer over en fietst er ook een tijd langs. Ook zie je Wray Castle en belangrijke plekken uit het leven van Beatrix Potter.

❶ Bowness-on-Windermere
2 km
❷ Bowness Nab
8 km
❸ Wray Castle
5 km
❹ Hawkshead
5 km

10:00 Je begint in het dorp ❶ **Bowness-on-Windermere → blz. 38** en gaat naar het zuiden, naar het veer ❷ **Bowness Nab**. Dit brengt jou met je fiets naar de overzijde van het Windermere (kaartje uit de automaat bij de haven, £1 enkele reis). Vandaar volg je na het verlaten van de haven **rechtsaf de smalle weg langs de oever tot aan** ❸ **Wray Castle → blz. 37**, dat ongeveer 7 km verderop ligt. Je fietst over een gedeeltelijk heuvelachtig terrein met een aangenaam uitzicht over het meer. Na een bezoek aan het kasteel let niets je om een koud drankje tot je te nemen, het liefst op het terras, met een schitterend uitzicht tot ver over het achterland.

In de middag ga je **5 km verderop, naar** ❹ **Hawkshead → blz. 36**. Oude boerderijen kenmerken dit plaatsje dat maar één inkomstenbron heeft: de roem van de kinderboekenschrijfster Beatrix Potter. Haar tekeningen kun je zien in de **Beatrix Potter Gallery**. Maar bovenal is het tijd voor de lunch! In Hawkshead vind je veel pubs en cafés, zoals de INSIDER TIP **King's Arms** *(The Square | tel. 015394 3 63 72 | www.kingsarmshawkshead.co.uk | €€)*. **Verlaat dan Hawkshead via Main Street,** naar het westen. **Houd**

Naar Wray Castle fietsen wordt beloond met fraaie panorama's.

Esthwaite Water aan je rechterhand, zodat je na ongeveer 4 km een klein riviertje oversteekt, de Cunsey Beck, oversteekt die uitmondt in het meer. Ga dan op de B5285 naar rechts. Daarna zie je na een korte tijd de ingang naar **5 Hill Top** **→ blz. 36**, het vroegere woonhuis van Beatrix Potter, dat je kunt bezichtigen.

16:00 **Volg de straat voor het vroegere huis van Potter** tot je weer bij het veer komt. Kort daarvoor stop je nog even **bij het 6 Claife-uitkijkpunt**, met een indrukwekkend panorama over het Windermere. Neem beneden bij het café nog even de tijd voor een *cream tea*, voordat je **weer met het veer het meer naar het oosten oversteekt en terugkeert naar 1 Bowness-on-Windermere**.

5 Hill Top

3 km

6 Claife-uitkijkpunt

3 km

1 Bowness-on-Windermere

4 WANDELEN DOOR KESWICK EN OMGEVING

START: 1 Derwent Pencil Museum, Keswick
DOEL: 8 Royal Oak, Keswick

7 uur totaal
1½ uur onderweg

Afstand:
ongeveer 5 km

KOSTEN: €40 per persoon voor toegangsgelden, boot en eten
NIET VERGETEN: Makkelijke schoenen, afhankelijk van het weer regenjack of zonnebrandcrème, water

Tijdens deze korte wandeling maak je kennis met alle aspecten van de bruisende kleine stad Keswick, ook met de wat rustigere. Je wandelt langs het Derwent Water, beklimt een lage berghelling geniet van het uitzicht over deze streek in het Lake District.

1 Derwent Pencil Museum

2 Booths Supermarkt

3 Java Coffee Shop

4 Hope Park

5 Botenverhuur

6 Friars Crag

10:00 Begin met een bezoek aan het 1 **Derwent Pencil Museum** → blz. 67 in de Carding Mill Lane. Hier kom je te weten waarom het potlood zo nauw met Keswick is verbonden: vanwege de grafietwinning in de buurt.

Verlaat het museum in de richting van Main Street en stop even bij de grote 2 **Booths Supermarkt**. Hier kun je alles kopen wat je later voor een picknick nodig zult hebben. **Terug op Main Street** kom je in het gebied van Keswick met de meeste winkels. Slenter er wat langs, bekijk de etalages en neem de tijd voor een koffie, bijvoorbeeld op het terras van de 3 **Java Coffee Shop** → blz. 68.

Ga nu voor deze Java Coffee Shop rechtsaf en ga de Lake Road in, die je naar **Derwent Water** → blz. 68 **brengt. In het** 4 **Hope Park**, een mooie groene weide, pauzeer je voor een partijtje minigolf. Dit is een geschikte aanloop voor een boottocht die hierop aansluit.

Ga verder op deze weg, houd het **Theatre by the Lake** → blz. 64 aan je linkerhand en ga naar de 5 **botenverhuur** *(www.keswick-launch.co.uk)* om daar voor een uur een roeiboot te huren. **Loop daarna langs de oever naar het zuiden, naar het uitkijkpunt** 6 **Friars Crag**. Een uitstekende plek om je meegebrachte lunch tot je te nemen!

Wandel nog weer verder op deze weg (achter de bank en een standbeeld voor de schrijver John Ruskin langs) om zo het meer te verlaten en bij een poortje aan te komen. Daar ga je dan twee bruggetjes over en volg je de bocht in de weg naar links tot je weer voor een poort staat. **Hier ga je rechtsaf, weg van het meer en ga je naar de hoofdweg. Steek deze voorzichtig over (kijk eerst rechts, en dan links),** want het kan er behoorlijk druk zijn.

Aan de overkant van deze straat ga je door een opening een paar traptreden op en volg je de weg die het bos in gaat. Daar vind je even later een breder pad dat je rechts in gaat en volgt, steeds verder omhoog. Boven gaat een echt smal weggetje naar de top van

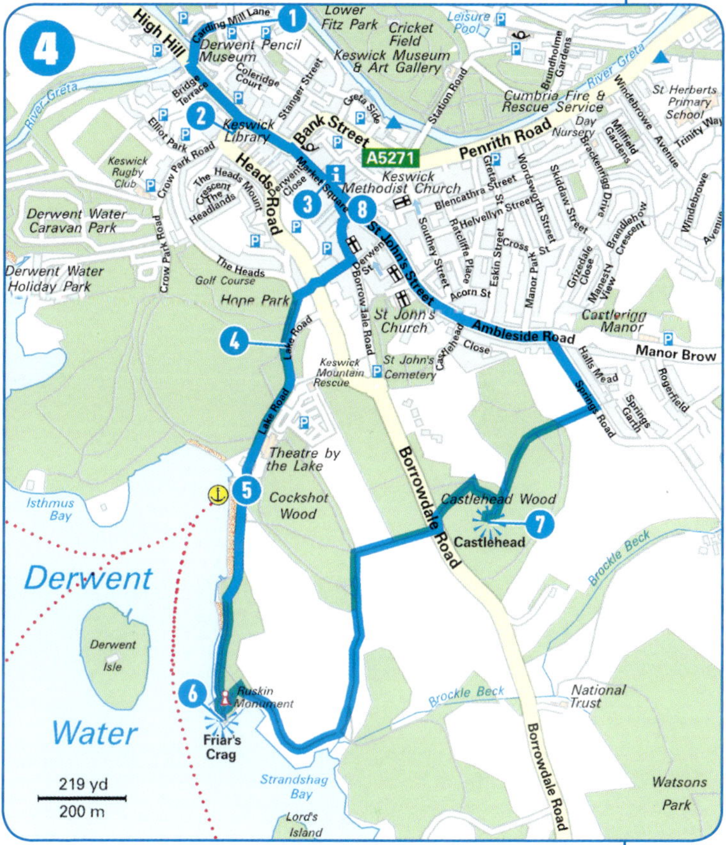

❼ Castle Head. Eenmaal boven kom je weer op adem en geniet je van het prachtige uitzicht over het Derwent Water. **Ga daarna weer naar beneden tot het bredere pad waarop je, naar rechts, verder loopt.** Aan het eind van het bos vind je een woonwijk. **Sla aan het eind van het pad links af, de Springs Road op, die je tot een T-kruising volgt. Hier ga je naar links op de Ambleside Road verder,** die je terug in de binnenstad brengt.

17:00 Aan het eind van deze wandeling kun je jezelf belonen met een verkwikkende *pint* in de pub, bij voorkeur in de ❽ INSIDERTIP **Royal Oak** *(Main Street | tel. 017687 73135 | €)* in het centrum. Cheers!

❼ Castle Head

❽ Royal Oak

SPORT & WELLNESS

Voor de meesten betekent een verblijf in het Lake District maar één ding: wandelen in de natuur! Voor veel Engelsen de enige reden voor een bezoek.
Er is heel veel meer mogelijk, zoals klimmen, fietsen of hoog de bergen in, maar vooral zonder telefoon bij de hand! Hoe je conditie ook is, er is altijd een vorm van activiteit voor je te vinden.

DELTAVLIEGEN

De meeste deltavliegverenigingen bieden ook proefvluchten voor beginners aan, waarbij je na wat oefeningen op de grond een kleine rondvlucht maakt met een leraar. Deze mogelijkheid wordt onder meer aangeboden door *Eden Soaring (vanaf £65 | Skelling Farm | Skirwith bij Penrith | tel. 07849 97 95 75 | www.edensoaring.co.uk)* en de *Lakes Gliding Club (£80 | Walney Airfield | Barrow-in-Furness | tel. 07860 13 54 47 | www.lakesgc.co.uk).*

FIETSEN

Omdat er weinig fietspaden zijn, moet je in het Lake District meestal over de weg fietsen. Gedeeltelijk autovrije routes zijn uitgezet door het *National Cycle Network* (blauwe bordjes met een fiets en witte cijfers in een rood vierkant). Veel hotels verhuren fietsen en in de grotere plaatsen vind je ook steeds een verhuurder, zoals *E-Venture (vanaf £20 per dag | El-*

Door te wandelen, klimmen, roeien of vissen kun je in het Lake District actief bezig zijn, maar in een health club bijkomen kan ook!

liot Park | Keswick | tel. 0778 3822722 | www.e-venturebikes.co.uk) en *Country Lanes (vanaf £21 per dag | Station Windermere | tel. 015394 44544 | www.countrylaneslakedistrict.co.uk)*.

KLIMSPORTEN

Het Lake District is geliefd bij sportklimmers. Ook niet-geoefende klimmers kunnen bij professionele organisaties relatief gemakkelijk deze sport beoefenen, zoals een klimparcours afleggen of abseilen. Dit kan onder meer bij *Keswick Extreme (Nichol End Marine | Portinscale | Keswick | tel. 0800 0016201 | www.keswickextreme.com)*. In de *Honister Slate Mine* (blz. 63) kun je ook klimmen in een grot of onder begeleiding oude mijngangen verkennen.

OFFROADING & QUADS

Als je wilt weten hoe goed je in de vrije natuur kunt rijden, kun je dat testen op uitgezette parkoersen in het Lake District, in een offroader of een quad. Je kunt trouwens ook als passagier mee. Aanbieders zijn onder meer *Kankku (2 uur offroader £175 per wagen | Victoria Forge | Victoria Street | Windermere | tel. 01539 44 74 14)* en *The Outdoor Activity Company (quad per uur £50 | Old Hutton bij Kendal | tel. 01539 72 21 47 | www.theoutdooradventurecompanyco.uk)*.

PARAGLIDING

Je hebt er wel wat moed voor nodig, maar als beginner kun je ook een 30 minuten durende tandemvlucht maken, onder andere bij *Extreme (tandemsprong £120 | Braithwaite Farm | Braithwaite | tel. 017687 78825 | www.jockysanderson.com)* of *Air Ventures (tandemsprong £120 | The Orchard | Bassenthwaite | tel. 07830 28 19 86 | www.airventures.co.uk)*.

ROEIEN, SUPPEN & RAFTING

● Als je de meren niet alleen vanaf de oever wilt bewonderen, kun je bijna overal bij de grotere meren van het Lake District een kano of kajak huren. Mocht je meer actie willen, dan kun je bijna overal overgaan op stand-up-paddling. Ook raften is op veel plekken mogelijk. Kano's en kajaks vind je onder meer bij *Total Adventure (3 uur, vanaf £22 | 9 Church Street | Windermere | tel. 015394 4 31 51)*. *Mobile Adventure (vanaf £50 | 127 Main Street | Keswick | tel. 07960 87 55 63 | www.mobileadventure.co.uk)* organiseert tochten in een groep.

TUBING

Als je op het water alles al eens hebt uitgeprobeerd, is tubing misschien iets nieuws. Hierbij ga je in een soort rubberboot een woeste beek af, of voor beginners een wat rustiger water. Dit wordt bijvoorbeeld georganiseerd door *Keswick Extreme (vanaf £25 per 2,5 uur | Nichol End Marine | Portinscale | Keswick | tel. 0800 0 01 62 01 | www.keswickextreme.com)*.

VISSEN

Forel, zalm en snoek zijn er in overvloed. Veel visclubs bieden een dagpas aan voor niet-leden, zoals de *Esthwaite Trout Fishery (dagpas £25 | The Boat House | Ridding Wood | Hawkshead | tel. 015394 3 65 41 | www.hawksheadtrout.com)* en de *Keswick Anglers Association (£7–25 afhankelijk van de vissoort | River Derwent | River Greta | www.keswickanglers.co.uk)*. In het Windermere, Ullswater en Coniston Water kun je gratis vissen, afgezien dan van de overal in Engeland verplichte vergunning van de milieudienst, de *rod licence (afhankelijk van de vissoort £6–12 per dag | www.gov.uk/fishing-licences)*. Deze kun je ter plekke aanschaffen in de informatiecentra van het Nationaal Park in Bowness, Keswick en Ullswater.

WANDELEN

Wandelen is ongetwijfeld de meest geliefde sport in het Lake District! Je kunt haast overal beginnen en een mooi traject vinden. Een ongekend aantal wandelkaarten is verkrijgbaar in de plaatselijke boekhandels en in de toeristenbureaus. Als je een grotere uitdaging zoekt, is de *Cumbria Way (www.cumbriaway.org)* een mooie mogelijkheid. Deze 112 km lange route door het Lake District verbindt Ulverston met Carlisle. Er zijn ook veel begeleide wandelingen te maken, waarvoor vooral in de hotels met brochures wordt geworven. Het Nationaal Park biedt ook op onregel-

Echt wandelen kun je overal in het Lake District, zoals hier de Honister Pass op

matige tijden ● INSIDER TIP gratis wandelingen aan onder leiding van een gids *(www.lakedistrict.gov.uk/visiting/events)*.

WATERSKI & WAKEBOARD

Deze klassieke vormen van actieve watersport kun je ook op eigen gelegenheid in het Lake District beoefenen. De bekendste aanbieder is het *Low Wood Bay Watersports Centre (half uur voor £55 | Ambleside Road | Windermere | tel. 015394 3 94 41 | www.englishlakes.co.uk/low-wood-bay)* aan het Windermere.

WELLNESS

Wellness wordt vooral aangeboden in de grotere hotels, zoals het *Beech Hill Hotel (Newby Bridge Road | Windermere | tel. 0844 5 02 75 87 (*) | beechhillhotel.co.uk/spa)* en het *Swan Hotel (Newby Bridge | tel. 015395 3 16 81 | www.swanhotel.com)*, beide aan het Windermere. Vaak zijn deze wellnessafdelingen, die vaak *health clubs* worden genoemd, ook voor niet-gasten tegen betaling beschikbaar.

WINDSURFEN

Ook al staat Cumbria niet bekend vanwege de bijzondere plekken om te surfen, toch zijn er vooral voor beginners wel mogelijkheden in het Lake District. Het Windermere en Derwent Water zijn geschikt om windsurfen te leren. Cursussen vind je bij de *Derwent Water Marina (halve dag £77 | www.derwentwatermarina.co.uk)*.

ZEILEN

Windermere, Ullswater en Derwent Water zijn de meren van het Lake District waar zeilen het populairst is. Ze zijn overzichtelijk en je kunt weer makkelijk terugkomen op je startplek. Huren kan onder meer bij de *Derwent Water Marina (vanaf £30 per uur. | Portinscale | Keswick | tel. 017687 7 29 12 | www.derwentwatermarina.co.uk)*. Bij het *Low Wood Bay Watersports Centre (Ambleside Road | Windermere | tel. 015394 3 94 41)* kun je naast een boot huren *(vanaf £30 per 2 uur.)* ook les krijgen *(£85 per 2 uur / 1–2 personen)*.

VOOR KINDEREN

Attractieparken en multiplexbioscopen zul je in het Lake District niet vinden, hier is het kindervermaak primitiever. Misschien kost het wat moeite om ze ertoe over te halen mee te gaan, maar als kinderen eenmaal boven op de berg zijn, kunnen de meesten er geen genoeg van krijgen. Voor de rest zijn bijna alle bezienswaardigheden op kinderen ingesteld. Ook kunnen kinderen met de *Treasure Trails (www.treasuretrails.co.uk/things-to-do/cumbria)* op verschillende plekken in het Lake District op speurtocht. Deze zijn in de vorm van een pdf via het internet verkrijgbaar. Voor de meeste andere attracties geldt dat kaartjes meestal goedkoper vooraf op de betreffende website kunnen worden besteld, waarbij vaak ook nog gezinskorting mogelijk is. En uiteindelijk is er nog altijd Peter Rabbit, het konijn uit de kinderboeken, niet voor niets de ster van het Nationaal Park en als pluchen knuffeldier vooral rondom het Windermere overal verkrijgbaar.

WINDERMERE & HET ZUIDOOSTEN

THE COCOA BEAN COMPANY

(130 B2) (*🗺 E6–7*)

In deze winkel in Hawkshead leren kinderen tussen 2 en 18 jaar zelf chocola te maken. De hele dag door worden workshops gegeven, dus is vooraanmelding eigenlijk alleen noodzakelijk bij grotere groepen. *Maart–okt. dag. 9–18, nov.–feb. 10–16 uur | Work-*

Speelplezier is genoeg te vinden in het Lake District, van een spannende skywalk tot alpaca's voeren en zelf chocola maken

shop £16 | Main Street | Hawkshead | www.thecocoabeancompany.com/hawkshead

GO APE! (130 B3) (*🕮 E7*)

Een grote avonturenspeelplek in het bos. Op een skywalk kun je als in een junglekamp hoog in de bomen over het bos lopen, over touwbruggen oversteken en langs touwen, goed gezekerd, snel afdalen. Ook kun je er Segways huren om de rest van Grizedale te verkennen. Go Ape exploiteert in Whinlatter bij Keswick nog een dergelijk, maar kleiner park. *Feb.–nov. dag. 9–16 uur | toegang £33, kinderen £25 (toegang vanaf 10 jaar) | Grizedale | Hawkshead | www.goape.co.uk*

LAKELAND MINIATURE VILLAGE (129 F5) (*🕮 E9*)

In Lakeland Miniature Village zijn meer dan 100 bouwwerken uit het Nationaal Park in miniatuur in leisteen nagemaakt. Zo vind je er Beatrix Potters *Hill Top* en het *Bridge House* uit

Ambleside. Je voelt je een reus hier. *Maart–okt. dag. 10.30–17 uur | toegang £4, kinderen £2 | Coach House Winder Lane | Flookburgh | Grange-over-Sands | www.lakelandminiaturevillage.co.uk*

STOTT PARK BOBBIN MILL

(130 B3) *(🗺 E7)*

In deze vroegere weefspoelenfabriek werkten in de 19de eeuw zo'n 200 mannen en jongens. Je kunt jezelf en de kinderen in hun tijd verplaatsen door klaarhangende kleding uit die tijd aan te trekken en op ontdekking te gaan in de oude gebouwen. Daar vind je veel verschillende machines en ook worden er regelmatig demonstraties gegeven. *April–aug. dag., sept./okt. wo–zo 10–17 uur | toegang £7,60, kinderen £4,60 | Finsthwaite | Ulverston | www.english-heritage.org.uk*

CONISTON & HET ZUIDWESTEN

CONISTON BOATING CENTRE

(130 A2) *(🗺 E7)*

Op Coniston Water kun je met de hele familie naar hartenlust roeien of in een kano peddelen. De boten kun je per uur huren en je krijgt er zwemvesten bij, voor in geval van nood. *Dag. 10–17 uur | afhankelijk van het type boot vanaf £15 per uur | Lake Road | Coniston | www.conistonboatingcentre.co.uk*

CUSTOM HOUSE

(129 D5–6) *(🗺 C–D9)*

Het vroegere douanegebouw van Barrow-in-Furness is veranderd in een vermaakscentrum, met onder meer een *Play Zone*, een hele etage voor kleintjes onder de acht, en voor de oudere kinderen een plek voor het spelen van Lasertag. *Dag. 9.30–17.15 uur | toegang £4 | 1 Abbey Road | Barrow-in-Furness | www.1abbeyroad.co.uk/playzone*

DERWENT WATER & HET NOORDWESTEN

ALPACALY EVER AFTER

(125 D5) *(🗺 D4)*

Altijd al willen INSIDER TIP wandelen met een alpaca gewandeld? Deze schattige kamelensoort komt op meerdere plekken in het Lake District voor en ze voelen zich er qua weer prima thuis. Op de Lingholm Estate aan het Derwent Water kun je de vredige en sociale dieren mee uit wandelen nemen door de omgeving. Een bijzonder tijdverdrijf! *Dag. 9–17.30 uur | vanaf £60 voor 1,5 uur | Lingholm Estate | Portinscale | Keswick | tel. 017687 74238 | www.alpacalyeverafter.co.uk*

KESWICK CLIMBING WALL

(125 E5) *(🗺 D4)*

In dit park kun je jezelf eens goed inspannen. Van de grote klimwand kun je direct overgaan op kanovaren, vervolgens kun je je goed gezekerd langs een kabel over een rivier verplaatsen en hangend aan een katrol door het gebied zweven, om ten slotte boogschieten te proberen. *Dag. 9–18 uur | toegang afhankelijk van activiteit vanaf £7 (kinderen zowel als volwassenen) | Goosewell Farm | Keswick | www.keswickclimbingwall.co.uk*

LAKE DISTRICT COAST AQUARIUM

(124 B4) *(🗺 B3)*

In dit aquarium zul je geen reusachtige glazen bakken vinden waar je onderdoor kunt lopen en de meest fantastische vissen uit de hele wereld kunt zien. Wel ontdek je er van dichtbij een vorm van leven die de meesten in het Lake District niet zullen kennen: de onderwaterwereld. 150 vissoorten die allemaal in het gebied voorkomen, leven in de ruim 35 bekkens van het aquarium. *Dag. 10–17 uur | toegang £8,50, kinderen £5,50 | South Quay | uuMaryport | www.coastaquarium.co.uk*

Wat denk je van een wandeling met deze vriendelijke alpaca's?

WEST COAST INDOOR KARTING
(124 B4) (🗺 B3)

Als je kinderen even geen bergen of meren meer willen zien, kunnen ze hier zelf achter het stuur van een kart, met als enige voorwaarde dat ze ouder zijn dan acht jaar. Het parcours is opgebouwd in een oude industriehal, dus het kan een uitkomst zijn bij slecht weer. *Di–vr 13–22, za/zo 10–22 uur | vanaf £20, kinderen vanaf £15 | Solway Trading Estate | Maryport | www.westcoastkarting.co.uk*

ULLSWATER & HET NOORDOOSTEN

CRAFTY MONKEYS STUDIO
(126–127 C–D 4–5) (🗺 F4)

Hier ben je als bezoeker zelf de kunstenaar. In deze studio in Penrith kunnen kinderen op een draaischijf zelf vazen maken, kleien en met mozaïekstenen aan de slag. Achteraf worden de vazen gebakken en kun je ze later afhalen. *Wo–za 10–15, zo 11–16 uur | vanaf £9 per vaas | 3 Corney Square | Penrith | www.craftymonkeys.org*

PENRITH LEISURE CENTRE
(126–127 C–D 4–5) (🗺 F4)

In dit zwembad kun je slechtweerdagen doorbrengen. Enkele springtorens, een 25 m-bassin, fitnesstoestellen, badmintonvelden en een bowlingbaan maken dat je zelfs de ergste wolkbreuk vergeet. *Ma–vr 6.30–22, za 7.30–20, zo 7.30–21 uur | toegang £6,30, kinderen £4,50 | Southend Road | Penrith | http://short.travel/lkd10*

RHEGED (126 C5) (🗺 F4)

Ga naar binnen en speel met alles wat je vindt. Rheged ziet eruit als een middeleeuwse vesting en is in een heuvel gebouwd. Binnen vind je niet alleen speelplaatsen en activiteitsplekken voor kinderen, maar ook een 3D bioscoop met kinderfilms, een kindertheater en een ruimte waar je keramiek kunt beschilderen. De ouders kunnen zich ondertussen ontspannen in een sauna of één van de talrijke restaurants bezoeken. *Dag. 10–17.30 uur | gratis toegang, activiteiten tegen betaling | Redhills | Penrith | www.rheged.com*

FEESTEN, FESTIVALS & EVENEMENTEN

AGENDA

FEBRUARI

Keswick Film Festival: klein festival met vooral korte films (vanaf midden februari, *www.keswickfilmclub.org)*

MAART

Penrith goes Orange: het marmeladefeest in Dalemain is uitgegroeid tot een heus festival, midden maart *(www.dalemain.com/marmalade-festival/)*

APRIL

Damson Day Country Fair*)*: midden april staat op deze boerenmarkt bij Crosthwaite de pruim centraal, wordt er veel gemusiceerd en vind je er eten en veel bier *(www.facebook.com/damsonday/)*

MEI

Keswick Jazz and Blues Festival: midden mei is deze kleine stad vier dagen het toneel van jazz- en bluesconcerten *(www.keswickjazzandbluesfestival.co.uk)*

JUNI

Country Fest Crooklands: begin juni een volksfeest bij Kendal, veemarkt en kermis tegelijk *(www.westmorlandshow.co.uk/country-fest)*

Keswick Mountain Festival: midden juni is dit een groot outdoorevenement aan het Derwent Water in Keswick, gericht op wandelen en klimmen, maar er wordt ook veel muziek gemaakt. *(www.keswickmountainfestival.co.uk)*

JULI

Derwent Water Regatta: een regatta van voornamelijk kleine boten die sinds kort in het midden van juli wordt gehouden in het Derwent Water bij Crow Park in Keswick *(http://short.travel/lkd2)*

INSIDER TIP ***Kendal Calling Festival:*** gedurende vier dagen op het einde van juli spelen op dit openluchtfestival in het Lowther Deer Park vooral bekende rock-- en popbands. *(www.kendalcalling.co.uk)*

AUGUSTUS

Cartmel Show: een landbouwbeurs met bijbehorend festival eind augustus in Cartmel, met veel mogelijkheden om te eten *(www.cartmelagriculturalsociety.org.uk)*

Lowther Show: hengelen, allerlei races en heel veel eten vormen midden augustus het programma van dit gebeuren op het terrein van het slot van Lowther. *(www.lowthershow.co.uk)*

Grasmere Sports and Show: een sport-

evenement, met onder andere hardlopen en worstelen, gecombineerd met een kermis, zijn karakteristiek voor dit feest aan het eind van augustus *(www.grasmeresports.com)*

SEPTEMBER

Chilli Feest: Veel eten vind je op dit foodfestival begin september in Holker Hall en inderdaad meestal met chili bereid. *(www.holker.co.uk)*

***Lakes Alive**:* kunst- en cultuurfestival in en om Kendal, altijd midden sept.

***Taste Cockermouth**:* tijdens het laatste weekend in september verandert Cockermouth in een stad voor fijnproevers met veel eetstandjes *(http://short.travel/lkd11)*

OKTOBER

Wasdale Head Show & Shepherd's Meet
Landbouwshow, midden oktober, met veel sportwedstrijden *(www.wasdaleheadshow.co.uk)*

NOVEMBER

INSIDER TIP ***Holker Winter Market**:* een vroege kerstmarkt in Holker Estate bij Cartmel met allerlei soorten kunstvoorwerpen in de aanbieding *(www.holker.co.uk/winter-market/)*

DECEMBER

Kerstmarkten: deze uit Duitsland afkomstige traditie heeft ook het Lake District bereikt, zoals in Cockermouth, Windermere en Ulverston (1ste weekend van de advent). Ze duren alleen meestal maar één weekend.

OFFICIËLE FEESTDAGEN

1 jan.	*New Year's Day*
Tweede maandag in maart	*Commonwealth Day*
10 april 2020, 2 april 2021, 15 april 2022	*Good Friday*
13 april 2020, 5 april 2021, 18 april 2022	*Easter Monday*
23 april	*St. George's Day* (nationale feestdag)
Eerste maandag in mei	*May Day Holiday*
Laatste maandag in mei	*Spring Bank Holiday*
Laatste maandag in aug.	*Summer Bank Holiday*
25 dec.	*Christmas Day*
26 dec.	*Boxing Day*

LINKS, BLOGS, FILMPJES & APPS

LINKS & BLOGS

www.lakeswalks.co.uk Als je van wandelen houdt: deze website heeft een uitgebreide verzameling van wandeltochten in het Lake District, met een uitvoerige trajectbeschrijving, vaak met foto's en video's van opvallende punten

blog.golakes.co.uk Informatie uit de eerste hand op deze blog op de website van het Lake District, waar onder meer melding wordt gemaakt van bijzondere gebeurtenissen, aparte wandelingen en feesten

englishlakes.wordpress.com Deze blog wordt gevuld met soms zeer persoonlijke verhalen over het leven in het Nationaal Park, geeft tips voor wandelingen en laat veel foto's zien met een originele kijk op de streek

www.englishlakes.blog Toeristisch blog met voornamelijk nieuwe ontwikkelingen van een toeristische trekpleister of hotels en de gastronomie. Met steeds nieuwe tips voor tochtjes in en om het Lake District

www.lakedistrict.gov.uk/the-blog De officiële blog van de staf van het Nationaal Park in het Lake District, waarin mensen en mogelijkheden in de regio worden belicht. Hier kom je veel te weten over activiteiten, mogelijkheden om uit eten te gaan en bezienswaardigheden

www.thewestmorlandgazette.co.uk Deze krant, de eenmaal per week in het zuiden van het Lake District verschijnende Westmorland Gazette, bericht op zijn website onder meer over actuele gebeurtenissen, over de verkeerssituatie en over de aanstaande opening van nieuwe winkels

whc.unesco.org/en/list/422 Sinds 2017 is het Lake District een Unesco-Wereldcultuurerfgoed. Op de website van deze organisatie wordt uitgelegd waarom, aangevuld met allerlei documenten en prachtige foto's van de streek

Laat je inspireren door het internet. Deze webadressen en apps kunnen je vakantie nog geweldiger maken

www.visitcumbria.com/webcams Verzameling webcams van verschillende plaatsen in het Lake District. Handig om 's morgens het weer in de verschillende delen van het Nationaal Park te bekijken

VIDEOS

http://short.travel/lkd4 Een heel jaar in het Lake District in timeloop. Deze korte video van de BBC bestaat uit een groot aantal scènes die in het Nationaal Park zijn opgenomen, gedeeltelijk met drones

http://short.travel/lkd5 Zelfs in zwart-wit is het Lake District nog mooi, zoals deze verzameling oude films, hoofdzakelijk stammend uit de jaren 1930 en 1940 laat zien

http://short.travel/lkd6 Na het zien van deze prachtige beelden van het Nationaal Park, video's uitsluitend van bovenaf opgenomen, wil je zeker naar het Lake District op vakantie, al was het maar om daar te gaan scherm- of deltavliegen zodat je dezelfde beelden in werkelijkheid kunt zien

APPS

Stagecoach Bus Deze app toont routes en een dienstregeling. Nuttig als je met het openbaar vervoer onderweg bent (voor iOS, Android)

The Trainline Onmisbaar voor treinreizen in Engeland. Deze app zoekt voortdurend de meest geschikte verbinding op en je kunt online ook je kaartje aanschaffen (voor iOS, Android)

Days Out English Heritage brengt monumentenzorg onder je aandacht door de dichtst bijzijnde monumenten op je telefoon te tonen (voor iOS, Android en Win dows)

National Trust Deze app toont je niet alleen de bezienswaardigheden als landgoederen, burchten en kastelen in hun beheer in de buurt, maar ook die door het hele Verenigd Koninkrijk (voor iOS, Android, Windows)

Met Office Deze app van de nationale Engelse weerdienst toont het weer zeer gedetailleerd, met kaarten van de streek (voor iOS, Android)

PRAKTISCHE INFO

DE REIS NAAR HET LAKE DISTRICT

In theorie kun je met de auto en de autotrein in minder dan een half uur door de Eurotunnel onder het Kanaal in Engeland zijn vanuit Frankrijk. Maar daarna moet je in Engeland nog ongeveer 6 uur rijden om in het Lake District te komen. De autotrein rijdt al naargelang het moment van de dag elke 20 tot 40 minuten tussen Calais in Frankrijk en Folkestone in Engeland. Per voertuig enkele reis vanaf €70. *www.eurotunnel.com.*

Ook de sneltrein de Eurostar, tussen Parijs of Brussel en het Londense station St. Pancras, gaat door de Eurotunnel (ritduur ca. 2 uur). Vanaf Amsterdam kun je met de Thalys of de Intercity naar Brussel Midi en daar overstappen op de Eurostar. Vanaf eind 2019 rijdt de Eurostar minimaal twee keer per dag rechtstreeks van Amsterdam via Schiphol, Rotterdam en Brussel naar Londen (ca. 4 uur). In Londen kost het nog vier uur, vanaf een ander station (Euston Station, op loopafstand van St. Pancras), om in het Lake District te komen. Met een Britse RailPass kun je in Groot-Brittannië voordeliger met de trein reizen. Je moet die wel vooraf in Nederland/België bestellen (www.visitbritainshop.com).

Met de nachtboot van DFDS *(www.dfdsseaways.com)* kom je makkelijk vanuit Amsterdam naar Newcastle (dagelijks, vaartijd 16,5 uur, vanaf €179 enkele reis, autovervoer en hut). Vandaar is het nog 1,5 uur rijden naar het Lake District. P&O verbindt Zeebrugge en Rotterdam met Hull (dagelijks, vanaf €179 enkele reis, *www.poferries.com*). Daarvandaan is het 2,5 uur rijden naar het Lake District. Verder verbindt de Stenaline Hoek van Holland met Harwich (dagelijks, 6–9 uur varen en 6 uur rijden naar het Lake District, *www.stenaline.nl*). Je kunt ook een ferry vanuit Frankrijk nemen, bijvoorbeeld Calais–Dover met P&O Ferries of Duinkerken–Dover met DFDS. De prijzen zijn afhankelijk van het tijdstip op de dag en het seizoen en deze overtochten duren van 1,5 tot 2 uur; vanaf Dover is het ook ongeveer 6 uur rijden naar het Lake District. Online boeken voor alle trajecten, ook de Eurotunnel, kan op *www.aferry.com*. Vergeet niet deze overtochten zo vroeg mogelijk te boeken: dat is goedkoper, en dan is er nog plaats.

GROEN & FAIR

Met vakantie kun je zelf veel bijdragen als het gaat om verantwoord reizen. Houd bijvoorbeeld de CO_2-balans van je reis in de gaten *(www.atmosfair.de; myclimate.org)*, plan je route milieubewust *(www.routerank.com)*, en let op de natuur en cultuur in je vakantieland *(www.fairtourism.nl; www.ecotrans.de)*. Juist toeristen kunnen op aspecten als natuurbehoud *(www.wnf.nl)*, regionale producten, beperkt autogebruik (meer fietsen), waterbesparing e.d. letten. Als je meer wilt weten over ecologisch toerisme, kijk dan bijvoorbeeld op: *www.oete.de* (ook in het Engels) en *www.ecosia.org* (een groene zoekmachine).

Van A tot Z

Antwoorden op alle praktische vragen die rondom je vakantie in het Lake District kunnen opkomen

Om in het Lake District te komen kun je vliegen naar Newcastle, Leeds, Manchester of Liverpool, direct vanaf Schiphol Airport of Eindhoven Airport in Nederland en Brussels Airport of Charlerois Airport in België (met KLM/AirFrance, easyJet, Jet2, of Ryanair).

Met de bus kun je vanuit Nederland en België naar Londen (Flixbus en Eurolines). Vandaaruit kun je in een rit van 8 uur eenmaal per dag met de bus van National Express naar het Lake District (*www.nationalexpress.com,* met kortingsmogelijkheden zoals de National Express Skimmer Pass). De bus is veruit de goedkoopste manier om je doel te bereiken (vanaf ca. €50).

WAT KOST HET?

Cream tea	€6 *voor cream tea*
Bier	€4,50 *voor een pint (0,568 l) in de pub*
Souvenir	€13 *voor een mok met een schaap erop (herdy)*
Benzine	€1,30 *voor 1 l benzine/diesel*
Boothuur	€15 *per uur*
Parkeren	€1,10 *per uur in een parkeergarage*

AANKOMST & DOUANE

Zolang Groot-Brittannië nog deel uitmaakt van de EU mogen Nederlanders en Belgen i.p.v. een geldig paspoort ook een identiteitskaart bij zich hebben.

EU-burgers kunnen goederen voor persoonlijk gebruik (onder meer 800 sigaretten, 110 l bier, 60 l mousserende wijn, 10 l sterkedrank) accijnsvrij in- en uitvoeren. Als Groot-Brittannië daadwerkelijk uit de EU stapt, zullen deze hoeveelheden mogelijk wijzigen. Actuele info: *www.douane.nl.*

ALARMNUMMERS

Politie, brandweer en ambulance: tel. 1 12 en 999.

De bergwacht van het Lake District geeft op hun website tips om gevaarlijke situaties voor wandelaars te voorkomen *(www.ldsamra.org.uk).*

AMBASSADES & CONSULATEN

BELGISCHE AMBASSADE (BELGIAN EMBASSY) *17 Grosvenor Crescent | www.unitedkingdom.diplomatie.belgium.be/nl | tel. 02074 70 37 00 | metro Piccadilly: Hyde Park Corner.*

NEDERLANDSE AMBASSADE (DUTCH EMBASSY) *38 Hyde Park Gate | www.nederlandwereldwijd.nl/landen/verenigd-koninkrijk | tel. 020 75 90 32 00 | metro Circle, District: Hyde Park Corner, District: HighStreet Kensington1–6 Chesham Place | London SW1X 8PZ | tel. 020 78 24 13 00.*

AUTO

Autorijden in Engeland is makkelijker dan menigeen denkt. Wel zijn er in het Lake District veel *single track roads,* slechts breed genoeg voor één auto, die vaak ook nog erg veel bochten hebben en daardoor zeer onoverzichtelijk zijn.

Het belangrijkste aspect is het links rijden, ook op autosnelwegen. Inhalen gebeurt rechts. Verkeersborden zijn er weinig, wel veel verkeerslichten. Voorrang wordt geregeld via borden, met een witte streep dwars over de weg of door de aanwezigheid van heel veel rotondes (*roundabouts*). Op deze rotondes heeft het verkeer van rechts voorrang en rijd je met de klok mee. Zet je linker richtingaanwijzer aan als je de rotonde wilt verlaten.

De maximumsnelheid bedraagt binnen de bebouwde kom 30 mijl/48 km/u, op provinciale wegen 60 mijl/97 km/u, op autowegen 70 mijl/113 km/u. Kijk uit bij het parkeren: een gele of rode doorgetrokken streep aan de rand van de weg betekent dat je daar op bepaalde tijden niet mag parkeren, bij een dubbele lijn geldt een stopverbod en bij een stippellijn mag je kort stilstaan. Telefoneren onder het autorijden is in Engeland verboden. Neem bij pech contact op met de AA (Automobile Association, tel. 0800 88 77 66) of de RAC (Royal Automobile Club, tel. 0800 1 97 78 15).

ELEKTRICITEIT

De netspanning bedraagt 230 volt. Neem een adapter mee (driepolig, type G), want Europese stekkers passen niet in het Engelse stopcontact.

FOOI

Over het algemeen wordt – net als bij ons – naar believen een fooi van ca. 10 procent gegeven. In toeristische gebieden is bij veel restaurants de fooi *('service charge')* al in de rekening opgenomen. Hier hoef je dus niet nog een extraatje *('tip')* achter te laten. In pubs worden doorgaans geen fooien gegeven, als je (zoals hier gebruikelijk) zelf je drank aan de toog haalt en meteen afrekent.

GELD & CREDITCARDS

Betalen doe je met het Britse pond, opgedeeld in 100 pence. Er zijn biljetten van £5, £10, £20 en £50 en munten van 1, 2, 5, 10, 20, 50 pence en £1 en £2. Al-

FILMS

Miss Potter – (2006) Deze film van Chris Noonan verhaalt op invoelende wijze het leven van de schrijfster Beatrix Potter. Veel scenes werden in het Lake District opgenomen, waar Potter woonde. Met Renée Zellweger en Ewan McGregor

Peter Rabbit (Ned. vertaling: Pieter Konijn) – (2018) In deze kinderfilm speelt het konijn uit de kinderboeken van Beatrix Potter, Peter Rabbit, de hoofdrol. De film gaat over de frustratie van boer McGregor, wiens oogst voortdurend wordt geplunderd door Peter en zijn vrienden. Regisseur Will Gluck heeft ook opnames gemaakt in het Lake District, waar de film zich afspeelt. Met Rose Byrne, Domhnall Gleeson en Sam Neill

leen de nieuwe munten en de nieuwe biljetten zijn geldig, oudere versies niet. Creditcards worden overal geaccepteerd, ook voor het kleinste bedrag. Banken zijn van ma–vrij geopend, van 10 tot 17 uur. Geldautomaten (ATM) vind je tot in de kleinste plaatsjes, in levensmiddelenwinkels, in pompstations of in de pub. Bij de vraag 'In pond of euro afrekenen?' tijdens het pinnen altijd 'pond' kiezen, dat is beduidend goedkoper. Wisselen kun je op een enkele plek, zoek vooral die service van de *Marks & Spencer*-warenhuizen, want daar hoef je niet extra te betalen voor het wisselen.

GEZONDHEID

In de centra van de nationale gezondheidsdienst (NHS) en bij algemene artsen (GP) worden EU-burgers op vertoon van een 'Europese gezondheidskaart' (EHIC) gratis behandeld. Apotheken (*pharmacy)*, die vaak onderdeel zijn van een drogisterij of een drogisterijketen als *Boots,* hanteren de gebruikelijke openingstijden.

INTERNETTOEGANG & WIFI

Hotspots (wifi) zijn in Engeland wijdverbreid. In de vestigingen van de meeste coffeeshops- en fastfoodketens kun je gratis surfen, evenals in hotels, grotere supermarkten en winkelcentra.

KAMPEREN

Wildlifekamperen is in Engeland verboden, maar het wordt wel vaak oogluikend toegestaan als er geen sporen worden achtergelaten. Er zijn overal campings te vinden. Informatie daarover krijg je bij de Toeristeninformatiecentra en bij de *Camping & Caravanning Club (www.campingandcaravanningclub.*

OMREKENTABEL

€	GBP	GBP	€
1	0,91	10	11,01
2	1,82	20	22,02
3	2,73	25	27,52
4	3,64	30	33,03
5	4,55	40	44,04
6	5,46	50	55,05
7	6,37	70	77,07
8	7,28	80	88,08
9	8,19	95	104,58

MATEN & GEWICHTEN

1 inch = 2,54 cm
1 foot = 12 inches = 30,48 cm
1 yard = 3 feet = 91,4 cm
1 mile = 1,61 km
1 acre = 4047 m²
1 pint = 0,568 l
1 quart = 2 pints = 1,14 l
1 gallon = 4 quarts = 4,5 l
1 ounce = 28,35 g
1 pound = 16 ounces = 453,6 g

MEDIA

Maatgevend voor alles is de BBC, met verschillende radio- en tv-kanalen. Het betaalde tv-kanaal Sky wordt veel bekeken en is gratis te zien in veel hotels. De landelijk verschijnende kranten vind je overal. Deze nemen politiek duidelijk stelling, zoals 'The Guardian' (linksliberaal), 'Times', 'Daily Telegraph' (beide conservatief) en 'Financial Times' (liberaal, economisch nieuws). Een lokaal radiostation is Lakeland Radio.

OPENBAAR VERVOER

Stagecoach *(www.stagecoachbus.com)* onderhoudt een netwerk van lijnbussen over de belangrijkste wegen van het Lake District, maar rijdt niet frequent. Mede daarom is het zaak om je reis met het openbaar vervoer van tevoren goed te plannen. De gratis folder 'The Lakes Connection' (verkrijgbaar op de treinstations en bij de toeristeninformatiebureaus en in veel supermarkten) bevat niet alleen de dienstregelingen van de bus, maar ook een grote hoeveelheid kortingsbonnen voor de bezienswaardigheden in het Nationaal Park. De *Central Lakes Day Rider Pass* kost £5,50 en geeft recht op een dag lang gratis rijden met de bus in het centrale gedeelte van het Lake District. Met het *Lakes Day Ranger Ticket (£20,50)* kun je per trein bijna overal in het Nationaal Park komen. Carlisle, Penrith, Windermere en Oxenholme bij Kendal hebben een directe treinverbinding met steden in Schotland en andere delen van Groot-Brittannië. Naar Windermere en langs de kust rijden regionale spoorwegmaatschappijen.

OPENINGSTIJDEN

De winkels zijn in Engeland meestal geopend op maandag tot zaterdag van 9.30–17.30 uur, maar er zijn winkels die voor of na die tijd ook open zijn, zoals de meeste supermarkten in de grotere plaatsen. Op zondag kun je in de grote plaatsen van het Lake District eveneens je inkopen doen (meestal van 12–17 uur). Op feestdagen zijn bovendien veel kleine winkels open.

POST

De postkantoren zijn geopend van maandag tot vrijdag van 9–17.30 en zaterdags tot 12.30 uur. Op het platteland en in de kleinere steden zijn ze vaak gevestigd in schrijfwaren- of levenmiddelenwinkels en volgen ze de langere openingstijden daarvan. Voor brieven en kaarten naar het vasteland moet je 'international stamps' van £1,25 kopen.

HET WEER IN AMBLESIDE

	jan.	feb.	maart	april	mei	juni	juli	aug.	sept.	okt.	nov.	dec.
Temperatuur overdag in °C	7	7	9	12	16	18	20	20	17	13	10	7
Temperatuur 's nachts in °C	1	1	3	4	7	10	12	11	9	7	4	2
☀	2	2	3	4	5	5	5	4	3	2	2	1
☂	19	15	16	13	12	12	13	15	14	19	18	16

 ☀ Zonuren per dag ☂ Neerslagdagen per maand

TAXI

Taxi's zijn erg duur. Een rit kun je het best telefonisch bespreken (nummer per plaats verschillend), in grotere plaatsen als Cockermouth, Keswick en Kendal is er een taxistandplaats in het centrum.

TELEFOON & MOBIEL

In de bewoonde wereld is de ontvangst meestal relatief goed, maar in de bergen heb je lang niet altijd bereik. Toonaangevende mobiele providers zijn Vodafone, EE, Three en O2. Wie lang in Engeland verblijft of met medereizigers wil bellen, kan eventueel een Britse prepaid-simkaart kopen ('Pay as you go') – voordelig o.a. bij Virgin Mobile en de grote supermarktketens. De landcode van Nederland is 0031, van België 0032 en van Engeland 0044.

TIJD

In Engeland geldt de GMT, de Greenwich Mean Time. Deze loopt het hele jaar door één uur achter op de Midden-Europese Tijd (MET). De zomer- en wintertijd gaan op dezelfde dagen in als in Nederland en België.

TOEGANGSPRIJZEN

De prijzen voor de entree tot de verschillende toeristische attracties zijn in het Lake District aanzienlijk hoger dan we gewend zijn in ons land en ze blijven stijgen. Eenmaal per jaar, altijd begin september, kan men tijdens de *Heritage Open Days (www.heritageopendays.org.uk)* veel historisch belangrijke bezienswaardigheden gratis bezoeken. Ook veel gebouwen die privé bezit zijn en normaal niet toegankelijk, zijn dan te bezichtigen.

TOERISTISCHE INFORMATIE

www.visitbritain.com/nl/nl/visitbritain, www.visitengland.com
www.golakes.co.uk
www.visitbritainshop.com, om online kaartjes voor openbaar vervoer en diverse bezienswaardigheden te bestellen

VERBLIJF

BED & BREAKFAST (B&B)

Deze zijn niet meer zo goedkoop als vroeger: reken op minstens £40 per persoon. Het is ongewenst overdag op de kamer te blijven, voor de privacy van de verhuurders.

VAKANTIEHUIZEN

Grote verhuurders zijn *Holiday Lettings (www.holidaylettings.co.uk), Hoseasons (www.hoseasons.co.uk)* en *Airbnb (www.airbnb.nl)*. De *National Trust (tel. 0344 8 00 20 70 (*) |www.nationaltrustholidays.org.uk)* verhuurt in enkele landgoederen ook INSIDER TIP kamers en vakantiehuizen, soms zelfs hele cottages.

HOTELS

Overal in Engeland is de kwaliteit van de hotels toegenomen, maar veel hotels in het Lake District zijn blijven steken in hun vroegere succes. Hotelketens vind je er niet, waardoor de hotelprijzen bij gebrek aan concurrentie relatief hoog zijn.

JEUGDHERBERGEN

Jeugdherbergen zijn weliswaar met de tijd meegegaan, maar het comfort kan nog wat karig zijn. De officiële organisatie is de *Youth Hostel Association (YHA | Trevelyan House | Dimple Road | Matlock | tel. 01629 59 27 00 | www.yha.org.uk)* met onderkomens op landschappelijk bijzondere plekken.

TAALGIDSJE ENGELS

UITSPRAAKREGELS

Om de uitspraak gemakkelijker te maken, staat bij alle Engelse woorden hoe ze ongeveer worden uitgesproken (tussen vierkante haken). Bijzonderheden:

gh	klinkt als 'gh' in het Nederlandse 'spaghetti'
θ	klink als 'th' in het Engelse 'think'; D als de 'th' in het Engelse 'the'
ə	de stomme [e] als in het Nederlandse 'rode'
æ	ongeveer tussen de 'a' en de 'e' in (als in het Engelse 'bad')
:	de klinker ervoor lang aanhouden ([a:], [i:], [o:] en [u:] ongeveer als in het Nederlandse 'kan', 'kin', 'kon' en 'kun', maar dan langer aangehouden)
'	de lettergreep hierna heeft de klemtoon

ONMISBARE BEGRIPPEN

ja/nee/misschien	yes [jes]/no [nəu]/maybe [meebie]
alstublieft/dank u	please [pliez]/thank you [θenkjoe]
Neem me niet kwalijk	Sorry! [sorrie]
Pardon	Excuse me! [iks'kjoez mie]
Mag ik ...?	May I ...? [mee ai ...?]
Wat zegt u?	Pardon? ['pa:dn?]
Ik wil graag.../	I would like to ...[ai woed laik toe ...]/
Hebt u ...?	Have you got ...? [hæv joe ghat ...?]
Hoeveel kost ...?	How much is ...? ['hou matsj is ...]
Dat vind ik (niet) leuk.	I (don't) like this. [ai (doont) laik Dis]
goed/slecht	good [ghoed]/bad [bæd]
open/gesloten	open ['open]/closed [kloosd]
kapot/doet het niet	broken [brokən]/doesn't work [dasnt wuək]
Help!/Voorzichtig!	Help! [help]/Caution! [ko:sin]

GROETEN

Goedemorgen/ middag!	Good morning [ghoed 'mo:ning]/ afternoon [aftə'noen]
Goedenavond/-nacht	Good evening [ghoed 'ievning]/night [nait]
Hallo/Tot ziens	Hello! [hə'lo]/Goodbye [ghoed'bai]
Dag!	Bye! [bai]
Ik heet ...	My name is ... [mai neem is ...]
Hoe heet u/jij?	What's your name? [wots jo: neem?]
Ik kom uit ...	I'm from ... [aim from ...]

Spreek je Engels?

'Do you speak English?' Hier vind je de belangrijkste woorden en zinnen voor je vakantie

DAGEN & TIJDEN

maandag/dinsdag	monday ['mandee]/tuesday ['tjoezdee]
woensdag/donderdag	wednesday ['wenzdee]/thursday ['θu:zdee]
vrijdag/zaterdag	friday ['fraidee]/saturday ['sætədee]
zondag/werkdag	sunday ['sundee]/weekday ['wiekdee]
feestdag	holiday ['hollidee]
vandaag/morgen/ gisteren	today [tə'dee]/tomorrow [tə'morro]/ yesterday ['jestədee]
uur/minuut	hour ['auə]/minute ['minnət]
dag/nacht/week	day [dee]/night [nait]/week [wiek]
maand/jaar	month [manθ]/year [jiə]
Hoe laat is het?	What time is it? [wot 'taim izit?]
Het is drie uur.	It's three o'clock. [its θrie əklok]

ONDERWEG

links/rechts	left [left]/right [rait]
rechtdoor/terug	straight ahead [street ə'hed]/back [bæk]
dichtbij/ver	near [niə]/far [fa:]
ingang/oprit	entrance ['entrəns]/driveway ['draivwee]
uitgang/afrit	exit [eksit]/exit [eksit]
vertrek/aankomst	departure [die'pa:tsja]/ arrival [ə'raival]
Mag ik u fotograferen?	May I take a picture of you? [mee ai teek ə 'piktsja of joe?]
waar is ...?/waar zijn ...?	Where is ...? ['wer is...?]/Where are ...? ['wer a: ...?]
toiletten/dames/heren	toilets ['toiləts] (ook: restrooms [restroems])/ ladies ['leedies]/gentlemen ['dzjentlmən]
bus/tram	bus [bas]/tram [træm]
metro/taxi	underground ['andəground]/taxi ['tæksie]
parkeerplaats/-garage	parking place ['pa:king plees]/car park ['ka: pa:k]
plattegrond/kaart	street map [striet mæp]/map [mæp]
station/haven	(train) station [(treen) steesjən]/harbour [ha:bə]
luchthaven	airport ['eəpo:t]
dienstregeling/kaartje	schedule ['skedjoel]/ticket ['tikkit]
trein/spoor	train [treen]/track [træk]
enkele reis/retour	single ['singhəl]/return [rie'tu:n]
Ik wil graag ... huren.	I would like to rent ... [ai woed laik toe rent ...]
een auto/een fiets	a car [ə ka:]/a bicycle [ə 'baisikl]
benzinestation	petrol station ['petrol steesjn]
benzine/diesel	petrol ['petrəl]/diesel ['diesəl]
pech/garage	breakdown [breekdaun]/garage ['ghæredzj]

ETEN & DRINKEN

Hebt u voor vanavond een tafel voor vier personen?	Could you please book a table for tonight for four? [koed joe 'pliez boek ə 'teebl fo: toenait fo: fo:?]
De kaart, alstublieft.	The menu, please. [Də 'menjoe pliez]
Mag ik de ...?	May I have ...? [mee ai hæv ...?]
mes/vork/lepel	knife [naif]/fork [fo:k]/spoon [spoen]
zout/peper/suiker	salt [so:lt]/pepper ['peppə]/sugar ['sjoeghə]
azijn/olie	vinegar ['vinnigha]/oil [oil]
melk/room/citroen	milk [milk]/cream [kriem]/lemon ['lemmən]
met/zonder ijs/koolzuur	with [wiD]/without ice [wiD'aut ais]/gas [ghæs]
vegetariër/allergie	vegetarian [vedsjə'teriən]/allergy ['ælədsjie]
De rekening, graag.	May I have the bill, please? [mee ai hæv De bil pliez]
rekening/bonnetje	invoice ['invois]/receipt [rie'siet]

WINKELEN

Waar vind ik ...?	Where can I find ...? [weə kæn ai faind ...?]
Ik wil graag .../Ik zoek ...	I would like to ... [ai woed laik toe]/ I'm looking for ... [aim loeking fo:]
apotheek	pharmacy ['fa:məsie]
drogist	chemist ['kemmist]
bakker	bakery ['beekərie]
markt	market ['ma:kit]
levensmiddelenwinkel	grocery ['ghroosrie]
supermarkt	supermarket ['soepəma:kit]
100 gram/1 kilo	100 gram [won 'handrəd ghræm]/1 kilo [wan kieləu]
duur/goedkoop/prijs	expensive [iks'pensif]/cheap [tsjie:p]/price [prais]
meer/minder	more [mo:]/less [les]
biologisch	organic [o:'ghænik]

VERBLIJF

Ik heb een kamer gereserveerd.	I've booked a room. [aiv boekt ə roem]
Hebt u nog een ...?	Do you have any ... left? [doe joe hæv ænie ... left?]
eenpersoonskamer	single room ['singhəl roem]
tweepersoonskamer	double room ['dabbəl roem] (met twee aparte bedden: twin room ['twin roem])
ontbijt/halfpension	breakfast ['brækfəst]/half-board ['haf boəd]
volpension	full-board [foel boəd]
douche/bad	shower ['sjauə]/bath [baθ]
balkon/terras	balcony ['bælkənie]/terrace ['terrəs]
sleutel/keycard	key [kie:]/room card ['roem ka:d]
bagage/koffer/tas	luggage ['laghidzj]/suitcase ['soetkees]/bag [bægh]

BANKEN & GELD

bank/geldautomaat	bank [bænk]/ATM [ee tie em]/cash machine ['kæsjməsjien]
Ik wil graag ... euro wisselen.	I'd like to change ... euro. [aid laik tə tsjeendzj ... joero]
pincode/pinpas/ contant/creditcard	pin [pin]/ATM card [ee tie em ka:d]/ cash [kænsj]/credit card [kreddit ka:d]
bankbiljet/munt	note [noot]/coin [koin]
wisselgeld	change [tsjeendzj]

COMMUNICATIE & MEDIA

Ik zoek een prepaidcard.	I'm looking for a prepaid card. [aim 'loeking fo: ə 'priepeed ka:d]
Waar kan ik internetten?	Where can I find internet access? [wea kæn ai faind 'intənet 'ækses?]
Moet ik eerst een speciaal nummer draaien?	Do I need a special area code? [doe aai nied ə 'spesjəl 'ærria kood?]
computer/batterij/accu	computer [komp'joetə]/battery ['bættərie]/ rechargeable battery [re'tja:dzjabla 'bættərie]
at-teken ('apenstaartje')	at symbol [æt 'simbəl]
internetaansluiting/wifi	internet connection ['internet kə'nektsjən]/ Wifi [waifai] (ook: Wireless LAN ['waərles lan])
e-mail/bestand/printen	e-mail ['iemeel]/file [fail]/print [print]

GETALLEN

0	zero ['ziroo]	18	eighteen [ee'tie:n]
1	one [wan]	19	nineteen [nain'tie:n]
2	two [toe]	20	twenty ['twentie]
3	three [θrie]	21	twenty-one ['twentie 'wan]
4	four [fo:]	30	thirty ['θu:tie]
5	five [faiv]	40	forty ['fo:tie]
6	six [siks]	50	fifty ['fiftie]
7	seven ['sevən]	60	sixty ['sikstie]
8	eight [eet]	70	seventy ['sevəntie]
9	nine [nain]	80	eighty ['eetie]
10	ten [ten]	90	ninety ['naintie]
11	eleven [i'levn]	100	(one) hundred [('wan) 'handrəd]
12	twelve [twelv]	200	two hundred ['toe 'handrəd]
13	thirteen [θu:'tie:n]	1000	(one) thousand [('wan) θauzənd]
14	fourteen [fo:'tie:n]	2000	two thousand ['toe θauzənd]
15	fifteen [fif'tie:n]	9000	nine thousand ['nain θauzənd]
16	sixteen [siks'tie:n]	1/2	a/one half [ə/wan 'ha:f]
17	seventeen ['sevəntie:n]	1/4	a/one quarter [ə/wan 'kwo:tə]

ATLAS

De ideale route door het Lake District

De routes & tochten

Alle routes & tochten staan ook op de losse kaart achter in het boek

 Foto: stapelmuur op de Black Crag nabij Coniston

Onderweg in het Lake District

Op het achteromslag vind je de bladzijde-
indeling van deze atlas

A
B
C
1
2
3
4
5
6
SCOTLAND
Caerlaverock Castle
Nith Estuary
Merse
Blackshaw Bank
Priestside Bank
Powfoot
Loch Kindar
Criffel
1868
1256
Carse Bay
Carsethorn
Kirkbean
Caulkerbush
Borron Point
Arbigland Garden
Mainsriddle
Proston Merse
Southerness
Southerness Point
Gillfoot Bay
Mersehead Sands
Barnhourie Sands
East Stewartry Coast
Solway Firth
Cardurnock
Grune Point
Skinburness
Silloth
Lees Scar Lighthouse
Abbeytown
Beckfoot
Pelutho
Mawbray
Dubmill Point
Edderside
Westnewton
Allonby
Allonby Bay
Hayton
Aspatria
Irish Sea
Crosscanonby
Allerby
Plumbland
Crosby
Gilcrux
Maryport
Dearham
Tallentire
Flimby
Broughton Moor
Bridekirk
Dovenby
Seaton
Camerton
Broughton
Castle
Cockermouth
Derwent
Brigham
Greysouthen
Workington
Great Clifton
Bridgefoot
Eaglesfield
Dearnscales
Moss Bay
Branthwaite
Dean
Pardshaw
1364
Distington
Gilgarran
Ullock
Mockerkin
Pica
Lowca
Morseby
Loweswater
811
Asby
Lamplugh
1878
Parton
Arleedon
Keekle
3.11 mi
5 km
Kirkland
Crummock Water
Whitehaven
Saltom Bay
Frizington
Ennerdale Bridge
2020
Cleator Moor
Ehen
St Bees Head
128
Ennerdale Water
Lorton Vale
Cocker
710
5300
5301
5302
596
594
597
595
606
66
5086
5292
5295
5345
22

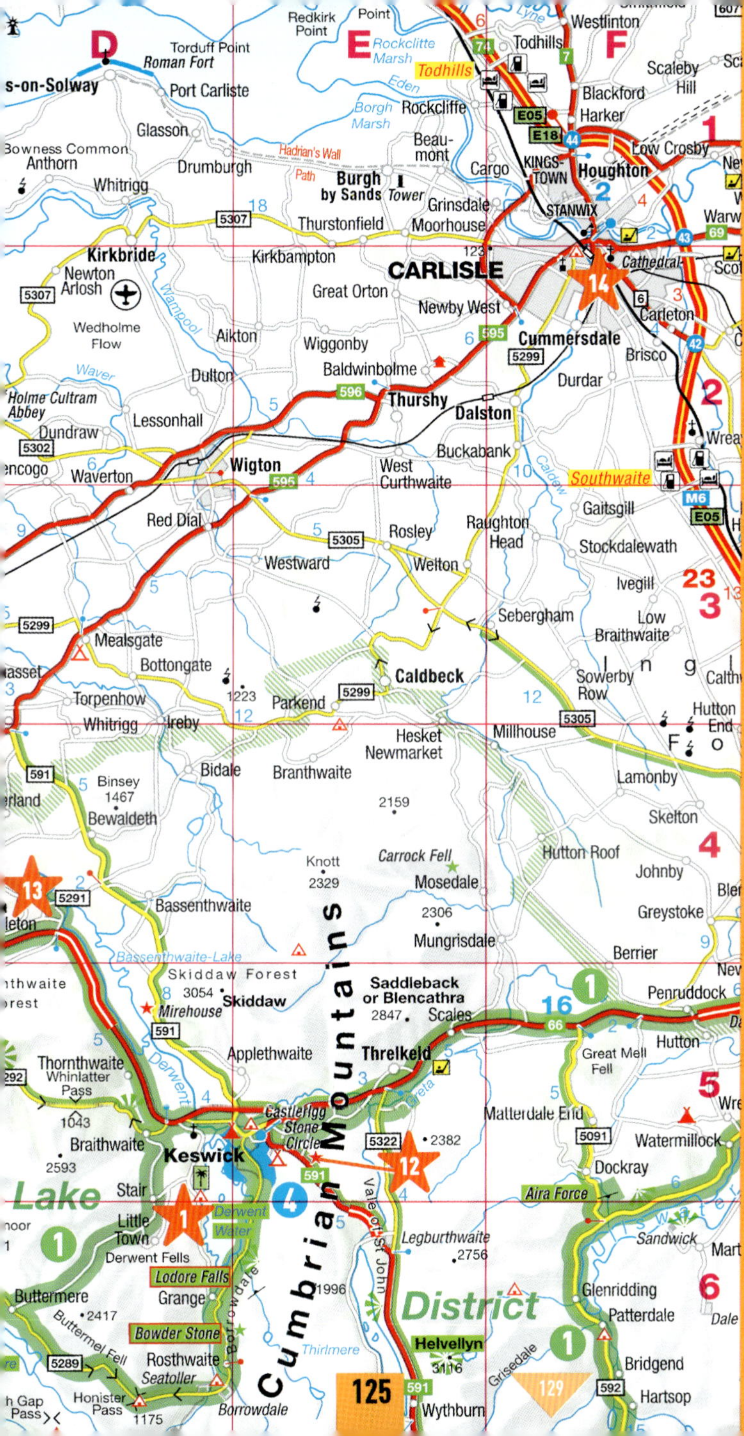

D
E
F
Redkirk Point
Point
Torduff Point
Roman Fort
s-on-Solway
Port Carlisle
Rockcliffe Marsh
Todhills
Westlinton
Scaleby Hill
Blackford
Harker
Eden
Borgh Marsh
Rockcliffe
Glasson
Bowness Common
Anthorn
Drumburgh
Hadrian's Wall Path
Beau-mont
Cargo
KINGSTOWN
Houghton
Low Crosby
Whitrigg
Burgh by Sands
Tower
Grinsdale
STANWIX
Thurstonfield
Moorhouse
Warw
Kirkbride
Kirkbampton
CARLISLE
Cathedral
Newton Arlosh
Great Orton
Newby West
Carleton
Wedholme Flow
Wampool
Aikton
Wiggonby
Cummersdale
Brisco
Waver
Dulton
Baldwinholme
Durdar
Holme Cultram Abbey
Lessonhall
Thursby
Dalston
Dundraw
Wrea
Buckabank
Wigton
West Curthwaite
Caldew
Southwaite
Waverton
Red Dial
Gaitsgill
Rosley
Raughton Head
Westward
Welton
Stockdalewath
Ivegill
Sebergham
Low Braithwaite
Mealsgate
Bottongate
Caldbeck
Sowerby Row
Torpenhow
Parkend
Whitrigg
Ireby
Hesket Newmarket
Millhouse
Hutton End
Inglewood Forest
Bidale
Branthwaite
Lamonby
Binsey
Bewaldeth
Skelton
Knott
Carrock Fell
Hutton Roof
Mosedale
Johnby
Bassenthwaite
Greystoke
Mungrisdale
Berrier
Bassenthwaite Lake
Skiddaw Forest
Saddleback or Blencathra
Penruddock
Skiddaw
Mirehouse
Scales
Hutton
Great Mell Fell
Thornthwaite
Whinlatter Pass
Applethwaite
Threlkeld
Matterdale End
Greta
Braithwaite
Castlerigg Stone Circle
Watermillock
Keswick
Dockray
Derwent
Stair
Derwent Water
Aira Force
Little Town
Ullswater
Sandwick
Derwent Fells
Legburthwaite
Lodore Falls
Vale of St John
Grange
Glenridding
Buttermere
Patterdale
Dale
Cumbrian Mountains
Lake District
Borrowdale
Bowder Stone
Buttermere Fell
Thirlmere
Helvellyn
Bridgend
Rosthwaite
Seatoller
Grisedale
Hartsop
Honister Pass
Borrowdale
Wythburn

A
B
C
1
2
3
4
5
6
Redkirk Point
Point
Torduff Point
Roman Fort
Rockcliffe Marsh
Port Carliste
Glasson
Borgh Marsh
Eden
Todhills
Todhills
Rockcliffe
Westlinton
Scaleby Hill
Scaleby
Newtown
Irthington
Blackford
Harker
Low Crosby
Newby East
Drumburgh
Hadrian's Wall Path
Burgh by Sands
Tower
Beau-mont
Cargo
KINGS-TOWN
Houghton
Grinsdale
Moorhouse
STANWIX
Warwick Bridge
Warwick
How
Heads Nook
Irthing
Thurstonfield
5307
Kirkbampton
CARLISLE
Cathedral
Scotby
Wetheral
Great Corby
Gatehouse
Corby Castle
Great Orton
Newby West
Carleton
Cumwhinton
Cumwhit
Wampool
Aikton
Wiggonby
Cummersdale
Brisco
Baldwinholme
5299
Durdar
Dulton
Thursby
Dalston
Cotehill
Eden
Horn
sonhall
Wreay
Buckabank
Wigton
West Curthwaite
Caldew
Southwaite
731
Aiketgate
red Dial
Gaitsgill
Low Hesket
M6
E05
Rosley
Raughton Head
Stockdalewath
High Hesket
Armath
5305
Westward
Welton
23
Ivegill
Low Braithwaite
Sebergham
Petteril
Caldbeck
Inglewood
Calthwaite
Sowerby Row
ttongate
1223
Parkend
5299
Hutton End
Ireby
Hesket Newmarket
Millhouse
Forest
Bidale
Branthwaite
Lamonby
Unthank
Plumpton
2159
Skelton
Hutton-in-the-Forest
Plum
Carrock Fell
Hutton Roof
Catterlen
Knott 2329
Mosedale
Johnby
Bassenthwaite
2306
Blencow
Greystoke
5288
Newton Reigny
Mungrisdale
Berrier
Newbiggin
thwaite-Lake
Skiddaw Forest
3054
Skiddaw
Mirehouse
Saddleback or Blencathra
2847
Scales
Penruddock
Stainton
Dalemain
Tirril
Applethwaite
Threlkeld
Hutton
Great Mell Fell
Dacre
Cumbrian Mountains
Greta
Pooley Bridge
Castlerigg Stone Circle
Matterdale End
Wreay
Askham
2382
5322
5091
Watermillock
Helton
Keswick
Lake
Dockray
Moor Divock
Derwent Water
Aira Force
Ullswater
Legburthwaite
Sandwick
Martindale
Bampton
2756
Vale of St John
Lodore Falls
1996
District
2201
Grange
Bowder Stone
Glenridding
Patterdale
Dale Head
Borrowdale
Thirlmere
Helvellyn
3116
Bridgend
Haweswater Reservoir
Rosthwaite
130
591
592
Hartsop
2634
Borrowdale
Wythburn
Castle Crag

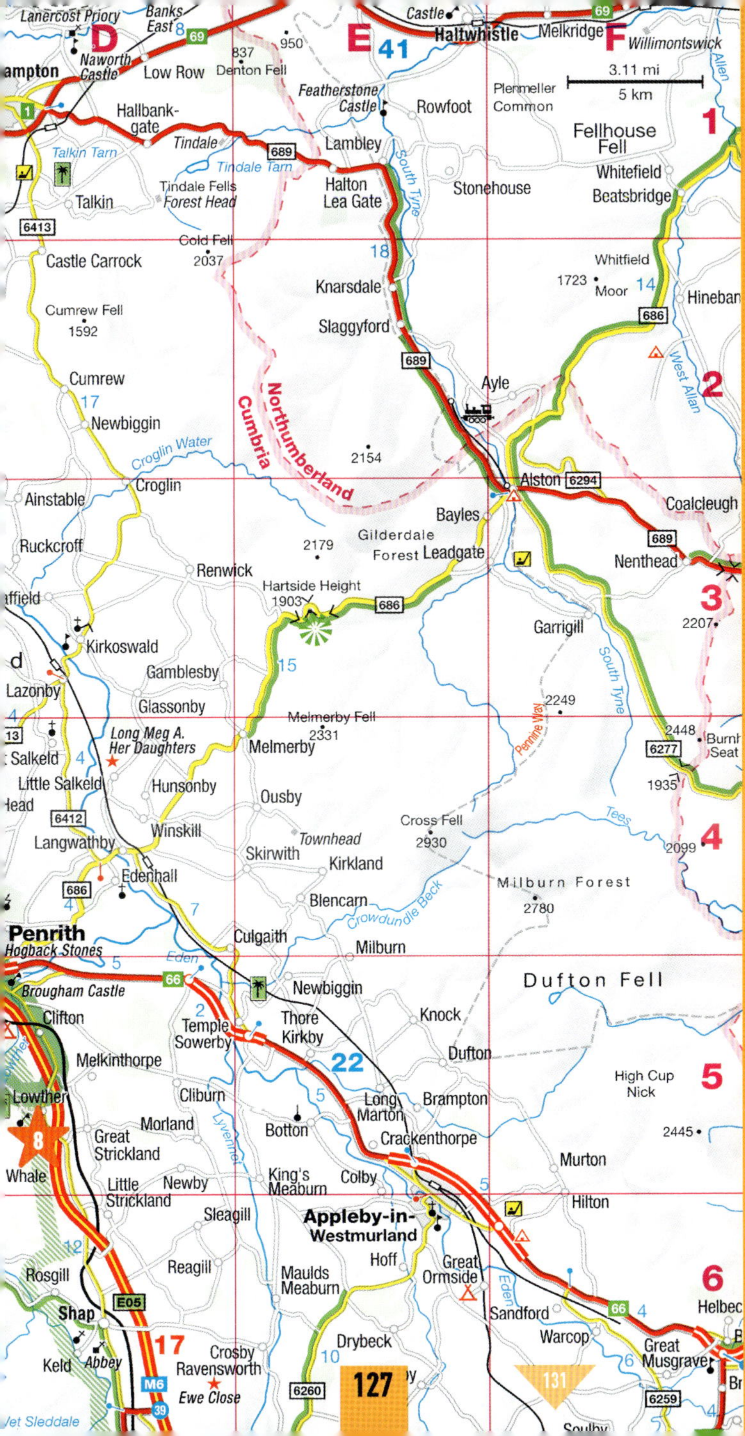

D
E
F
41
1
2
3
4
5
6
3.11 mi
5 km
Lanercost Priory
Banks East
Naworth Castle
ampton
Low Row
Denton Fell
837
950
Castle
Haltwhistle
Melkridge
Willimontswick
Allen
Featherstone Castle
Rowfoot
Plenmeller Common
Hallbank-gate
Tindale
Talkin Tarn
Tindale Tarn
Lambley
Fellhouse Fell
Whitefield
Beatsbridge
Tindale Fells
Forest Head
Talkin
Halton Lea Gate
South Tyne
Stonehouse
6413
Cold Fell
2037
Castle Carrock
18
Knarsdale
Whitfield
1723
Moor
14
Hineban
Cumrew Fell
1592
Slaggyford
686
689
Cumrew
17
Newbiggin
Ayle
West Allan
Northumberland
Cumbria
2154
Croglin Water
Croglin
Ainstable
Alston
6294
Bayles
Coalcleugh
Ruckcroft
2179
Gilderdale Forest
Leadgate
Nenthead
Renwick
Hartside Height
1903
ffield
Kirkoswald
Garrigill
2207
Gamblesby
15
South Tyne
Lazonby
Glassonby
Pennine Way
2249
Melmerby Fell
2331
2448
Burnh Seat
13
Salkeld
Long Meg A. Her Daughters
Melmerby
6277
Little Salkeld
Hunsonby
Ousby
1935
Head
6412
Cross Fell
2930
Tees
Langwathby
Winskill
Townhead
2099
Skirwith
Kirkland
Edenhall
Milburn Forest
2780
Blencarn
Crowdundle Beck
7
Penrith
Hogback Stones
Culgaith
Milburn
Eden
66
Dufton Fell
Brougham Castle
Newbiggin
Clifton
Temple Sowerby
Thore Kirkby
Knock
22
Dufton
Melkinthorpe
Lowther
High Cup Nick
Cliburn
Long Marton
Brampton
Morland
Great Strickland
Botton
2445
8
Crackenthorpe
Lyvennet
Whale
King's Meaburn
Colby
Murton
Little Strickland
Newby
Hilton
Sleagill
Appleby-in-Westmorland
Reagill
Hoff
Great Ormside
Rosgill
Maulds Meaburn
Eden
Sandford
E05
Shap
Warcop
Drybeck
Great Musgrave
Helbec
Crosby Ravensworth
Keld
Abbey
M6
Ewe Close
39
6260
6259
Vet Sleddale
Soulby

131

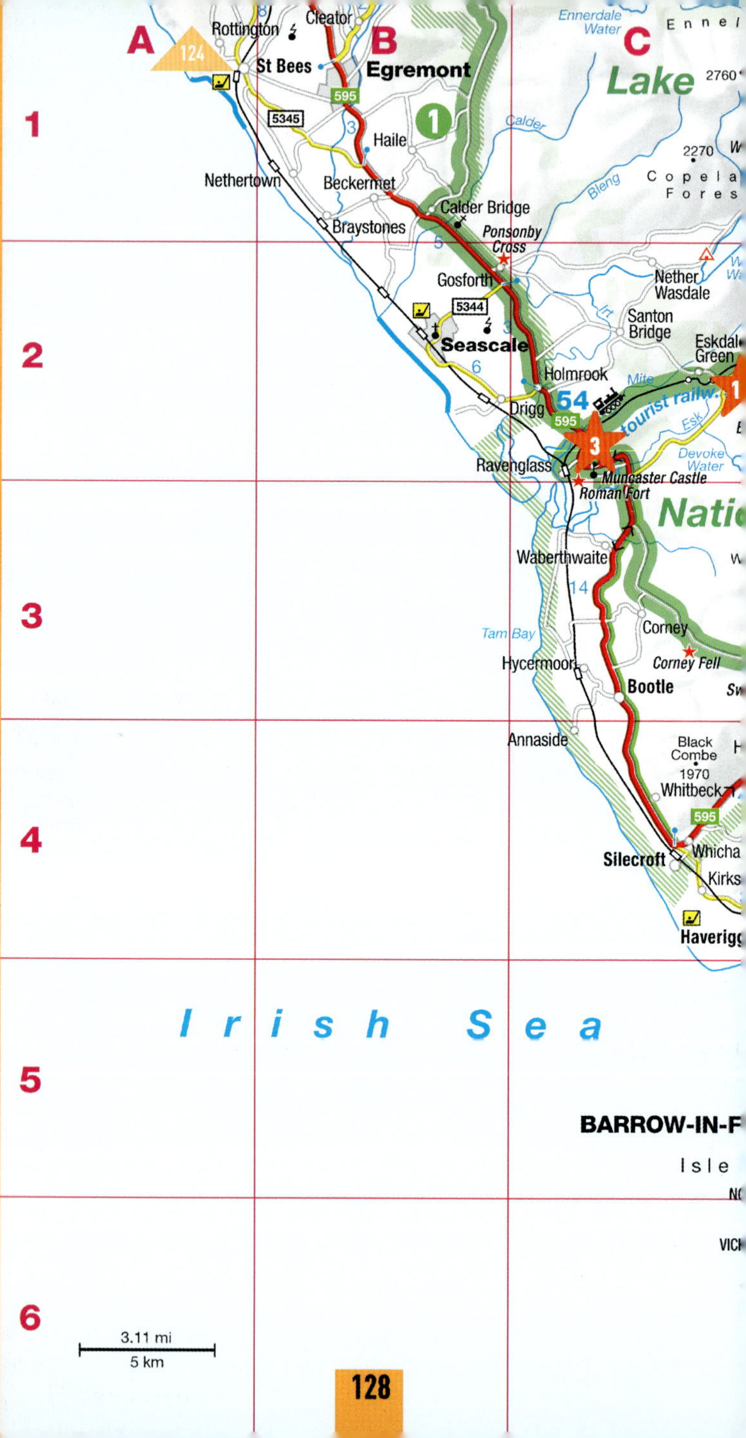

A
B
C
124
Rottington
Cleator
St Bees
Egremont
595
5345
Haile
Nethertown
Beckermet
Calder Bridge
Braystones
Ponsonby Cross
Gosforth
5344
Seascale
Holmrook
Drigg
54
595
3
Ravenglass
Muncaster Castle
Roman Fort
Waberthwaite
Tarn Bay
Corney
Corney Fell
Hycermoor
Bootle
Annaside
Black Combe
1970
Whitbeck
595
Silecroft
Haverigg
Ennerdale Water
Lake
2760
Calder
2270
Bleng
Nether Wasdale
Santon Bridge
Eskdale Green
Irt
Mite
Esk
Devoke Water
tourist railw.
Irish Sea
BARROW-IN-F
Isle
1
2
3
4
5
6
3.11 mi
5 km

D
E
F
125
Borrowdale
Seathwaite
Taylorgill Force
Great Gable
2949
Sty Head
Scafell Pike
3210
2960
Bow Fell
Langdale Pikes
Dungeon Ghyll Force
Wythburn
2863
2370
2500
Rydal Fell
2000
Easedale
Grasmere
Rydal Hall
Rydal
Chapel Stile
Elterwater
Rydal Water
1100
Clappers-gate
Ambleside
Kirkstone Pass
1476
2547
2476
1597
Wansfell
High St
2719
Kentm
Cumbria
District
Park
Wasdale
Hardknott Pass
1289
1280
Wrynose Pass
Roman Fort
Eskdale
Cockley Beck
Furness
Fells
Seathwaite Tam
Duddon Valley
The Old Man of Coniston
2635
Coniston
Skelwith Bridge
The Tarns
Outgate
High Wray
Hawkshead
Wray Castle
Troutbeck
Troutbeck Bridge
Windermere
Ings
Belle Isle
Sawrey
Bowness-on Windermere
Bowmanstead
Brantwood
Grizedale
Grizedale Forest
864
Hall Dunnerdale
1735
Ulpha
Torver
Coniston Water
Winster
Broughton Mills
Woodland Fell
836
Water Yeat
Satterthwaite
Graythwaite Hall
Bowland Bridge
Rusland
Finsthwaite
1054
Broughton in Furness
Blawith
Oxen Park
Lakeside
Newby Bridge
Cartmel Fell
Duddon Bridge
Lowick
Colton
Bouth
Staveley-in-Cartmel
Foxfield
Grizebeck
Gawthwaite
Spark Bridge
Penny Bridge
Tourist railw.
Backbarrow
Witherslack
1092
Kirkby-in-Furness
Broughton Beck
Haverthwaite
Ayside
Field
Mill Side
High Newton
Beck Side
1088
Greenodd
Broughton
Millom
Soutergate
Arrad Foot
Lindale
Priory
Cartmel
727
Duddon Sands
Pennington
Holker
Allithwaite
Grange-over-Sands
Askam in Furness
Lindal in Furness
Ulverston
Cark
Flookburgh
Kents Bank
Urswick
Bardsea
Barrow-in-Furness
Stainton with Adgarley
Sunbrick
Humphrey Head Point
Furness Abbey
Scales
Baycliff
Newton
Aldingham
Gleaston
Leece
Cartmel Wharf
Newbiggin
Morecambe
Bay
Biggar
Roosebeck
Rampside
Foulney Island
South End
Piel Island
Hilpsford Point
MORECAMBE
Heysham
591
592
593
5343
5286
5285
5084
5092
5281
5278
595
590
5087
589

A
B
C
126
29
1
2
3
4
5
Borrowdale
Wythburn
Seathwaite
2370
2863
591
12
592
15
Castle Crag
High Street
2719
Rydal Fell
2000
2500
Easedale
2547
Kirkstone Pass
1476
2539
Harter Fell
Kentmere Reservoir
2476
Langdale Pikes
Dungeon Ghyll Force
2960
Bow Fell
Grasmere
Rydal Hall
Rydal
5343
Chapel Stile
Rydal Water
Elterwater
1100
Clappersgate
Ambleside
1597
Wansfell
Sadgill
Kent
Kentmere
National
Langdale
Park
1280
Wrynose Pass
Skelwith Bridge
Troutbeck
Sprint
Cockley Beck
593
The Tarns
5286
Furness
Seathwaite Tarn
Outgate
Wray Castle
Troutbeck Bridge
Garnett Bri
High Wray
Ings
Staveley
Fells
Hawkshead
591
2635
Coniston
5285
Belle Isle
Windermere
The Old Man of Coniston
Bowmanstead
Brantwood
Esthwaite Water
Sawrey
Bowness-on Windermere
Grizedale
Grizedale Forest
5284
Crook
Torver
864
Winster
Underbarrow
Coniston Water
592
Grigghall
593
752
Woodland Fell
836
Satterthwaite
Graythwaite Hall
Bowland Bridge
Crosthwaite
5074
Water Yeat
Rusland
Finsthwaite
1054
Row
Brigsteer
Blawith
Oxen Park
Lakeside
The Howe
Sizergh Castle
5084
Newby Bridge
Cartmel Fell
Levens
Lowick
Colton
Bouth
Witherslack Hall
Winster
Grizebeck
Spark Bridge
Tourist railw.
Staveley-in-Cartmel
5092
Gawthwaite
Penny Bridge
Backbarrow
Witherslack
Hincaster
590
1092
Haverthwaite
Ayside
Field
Mill Side
Leasgill
Beck Side
Broughton Beck
High Newton
Heversha
Greenodd
Broughton
Milnthorpe
1088
5281
17
Meathop
Arrad Foot
5278
Lindale
Storth
5282
Priory
Cartmel
727
Arnside
Pennington
Holker
Grange-over-Sands
590
Ulverston
Cark
Allithwaite
Yealand Redmayne
Lindal in Furness
Flookburgh
Kents Bank
Silverdale
13
Urswick
Loighton Hall
Bardsea
Rectory
Stainton with Adgarley
Sunbrick
Furness Abbey
Humphrey Head Point
Warton Sands
Warton
Scales
Baycliff
Carnforth
Newton
Aldingham
Gleaston
5087
Leece
Cartmel Wharf
Bolton-le-Sands
Newbiggin
Morecambe Bay
Roosebeck
Hest Bank
5105
Rampside
Foulney Island
MORECAMBE
TORRISHOLME
589
3.11 mi
5 km
Heysham
5273
Castle
St.Mary's
589
683
Heaton

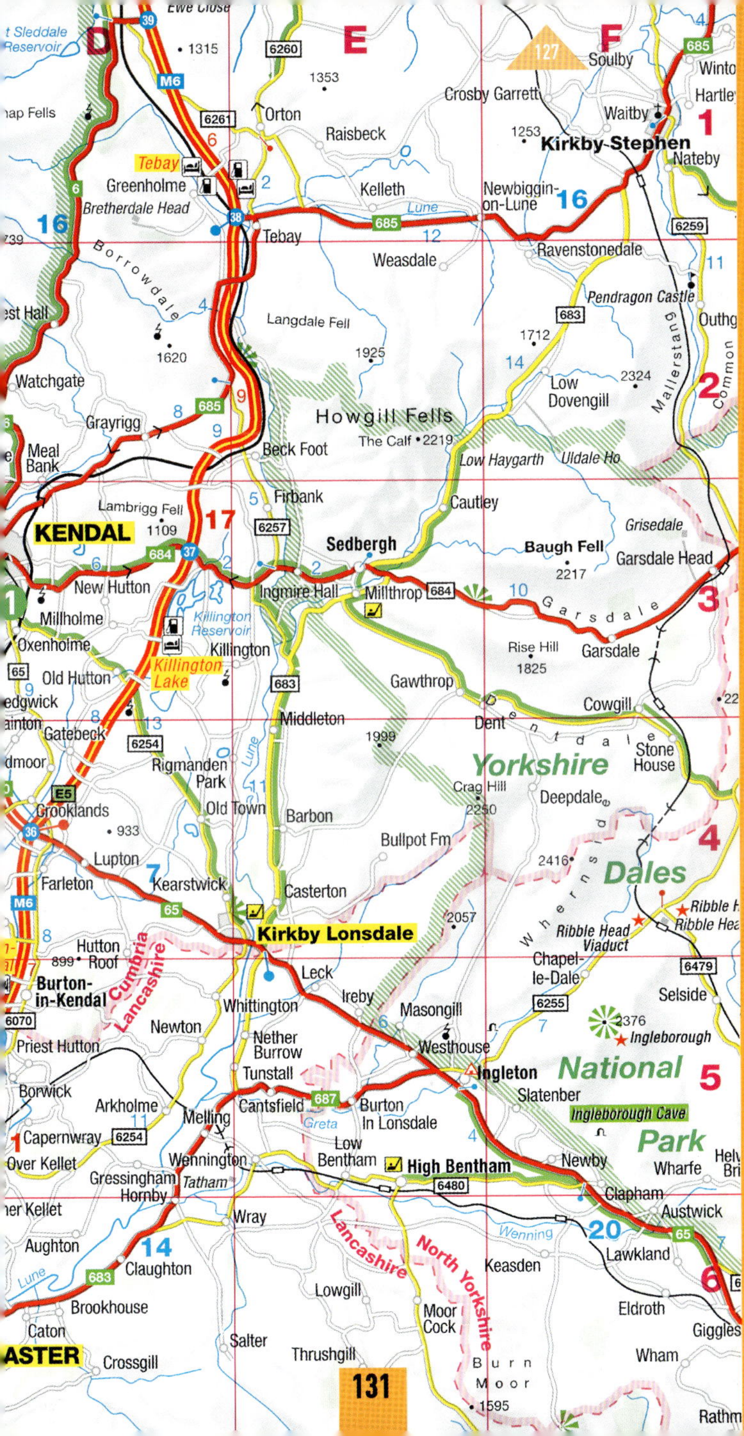
D
E
F
127
Ewe Close
Sleddale Reservoir
1315
6260
1353
685
Soulby
Winto
Hartley
M6
Crosby Garrett
Waitby
6261
Orton
Raisbeck
1253
Kirkby Stephen
Nateby
Tebay
Greenholme
Bretherdale Head
Kelleth
Lune
Newbiggin-on-Lune
16
685
12
6259
Tebay
Weasdale
Ravenstonedale
Borrowdale
11
Pendragon Castle
Langdale Fell
683
Outhg
1620
1925
1712
Mallerstang
Common
Watchgate
2324
Low Dovengill
685
Grayrigg
Howgill Fells
The Calf 2219
Meal Bank
Beck Foot
Low Haygarth
Uldale Ho
Firbank
Cautley
Lambrigg Fell
1109
17
6257
Grisedale
KENDAL
Sedbergh
Baugh Fell
Garsdale Head
684
2217
New Hutton
Ingmire Hall
Millthrop
684
Garsdale
Millholme
Killington Reservoir
Oxenholme
Killington
Rise Hill 1825
Garsdale
Old Hutton
Killington Lake
683
Gawthrop
Sedgwick
Cowgill
Gatebeck
Middleton
Dent
1999
Dentdale
Stone House
6254
Rigmanden Park
Yorkshire
Crag Hill 2250
Deepdale
Crooklands
Old Town
Barbon
933
Bullpot Fm
Lupton
Dales
Farleton
Kearstwick
Casterton
2416
Whernside
Ribble Head Viaduct
Ribble Head
2057
M6
Kirkby Lonsdale
Hutton Roof
899
Burton-in-Kendal
Cumbria
Lancashire
Leck
Chapel-le-Dale
6479
Ireby
6255
Selside
Whittington
Masongill
2376
Ingleborough
6070
Newton
Nether Burrow
Westhouse
Priest Hutton
Tunstall
Ingleton
National
Borwick
Arkholme
Slatenber
Cantsfield
687
Burton In Lonsdale
Ingleborough Cave
Melling
Greta
Capernwray
6254
Park
Over Kellet
Wennington
Low Bentham
High Bentham
Newby
Helwith Bridge
Gressingham
Tatham
6480
Wharfe
Hornby
Clapham
Nether Kellet
Wray
Austwick
Wenning
20
Aughton
14
Lancashire
North Yorkshire
Lawkland
65
Claughton
Keasden
683
Lune
Brookhouse
Lowgill
Moor Cock
Eldroth
Caton
Giggleswick
Salter
LANCASTER
Crossgill
Thrushgill
Burn Moor
Wham
1595
Rathmell

LEGENDA

Snelweg met afslagen en afslagnummers	Viernheim 45 45 36 24 12	Motorway with junction and junction number
Snelweg in aanleg met verwachte opleveringsdatum	Datum Date	Motorway under construction with expected date of opening
Motel - wegrestaurant	Kassel	Hotel, motel - Restaurant
Kiosk - tankstation		Snackbar - Filling-station
Rustplaats - parkeerplaats met wc	P	Truckstop - Parking place with WC
Tolstation		Toll station
Vierbaansautoweg		Dual carriageway with motorway characteristics
Autoweg		Trunk road
Hoofdweg		Main road
Secundaire wegen		Secondary roads
Rijweg - voetpad		Carriageway - Footpath
Tolweg		Toll road
Voor motorvoertuigen afgesloten		Road closed for motor vehicles
Verboden voor caravans		Road closed for caravans
Niet aan te raden voor caravans		Road not recommended for caravans
Autoveer - autotreinstation		Car ferry - Autorail station
Hoofdspoorlijn - station - tunnel		Main line railway - Station - Tunnel
Bezienswaardig: cultuur	Neuschwanstein	Cultural site of particular interest
Bezienswaardig: natuur	Breitachklamm	Landscape of particular interest
De ideale route		MARCO POLO Discovery Tour 1
Routes & tochten		MARCO POLO Discovery Tours
MARCO POLO highlight	1	MARCO POLO Highlight
Route met fraai landschap		Route with beautiful scenery
Toeristische route	Hanse-Route	Tourist route
Museumspoorlijn		Tourist train
Kerk, kapel - kerkruïne Klooster - kloosterruïne		Church, chapel - Church ruin Monastery - Monastery ruin
Kasteel - kasteelruïne Toren - radio- televisietoren		Palace, castle - Castle ruin Tower - Radio or TV tower
Vuurtoren - windmolen Monument - soldatenkerkhof		Lighthouse - Windmill Monument - Military cemetery
Ruïne, opgravingsterrein - grot Hotel, pension, berghut - kuuroord		Archaeological excavation, ruins - Cave Hotel, inn, refuge - Spa
Kampeerterrein - jeugdherberg Zwembad, recreatiebad, zwemstrand - golfterrein		Camping site - Youth hostel Swimming pool, leisure pool, beach - Golf-course
Botanische tuin, bezienswaardig park - dierentuin		Botanical gardens, interesting park - Zoological garden
Belangrijk gebouw - belangrijk gebied		Important building - Important area
Luchthaven - regionale luchthaven		Airport - Regional airport
Vliegveld - zweefvliegveld		Airfield - Gliding site
Jachthaven		Marina

Hoogtes in voeten Afstanden in mijlen	Altitude in feet Distances in miles

VOOR JE VOLGENDE REIS...

REGISTER

In dit register vind je alle in deze gids genoemde plaatsen, sights en meren. Vetgedrukte nummers verwijzen naar de belangrijkste vindplaats.